社員の幸せを追求すれば、
会社の業績は伸びる

幸せに働くための30の習慣

幸福学の第一人者
前野隆司
Takashi Maeno

ぱる出版

はじめに

「幸せ」に関する厳選30項目を掲載した本ができました。

著者の前野隆司と申します。幸せの研究をしています。現在、慶應義塾大学大学院教授兼ウェルビーイングリサーチセンター長、2024年4月からは新設される武蔵野大学ウェルビーイング学部長を兼任する予定です。ウェルビーイングとは、幸せ、健康。心と体と社会の良い状態という意味です。最近日本では「幸せ」という意味で使われることが多いですね。

幸せの研究は、1980年代から世界中の心理学者によって行われてきました。その結果、どんな人が幸せなのかがかなり詳細までわかっています。私の研究結果でいうと、**「やってみよう」「ありがとう」「なんとかなる」「ありのままに」（幸せの4つの因子）の強い人が幸せな人です。**

「やってみよう」とは、やりがいや主体性、目標が明確であること、成長意欲が高いことなどに関連する項目です。この逆が、やらされ感、やりたくない、やる気がない。みなさんはやる気にあふれ、ワクワクしながら働いているでしょうか。

たとえば、幸せな会社として有名な会社の一つである西精工では、90パーセントの社員が、「月曜に会社に行きたくて行きたくてたまらない。みんなと一緒に働きたいから」と答えます。皆さんも、日曜の夜になると「さあ、また、仲間と一緒に働けるぞ！」と楽しみにしているでしょうか。

2つめの「ありがとう」は、つながりと感謝の因子。感謝していること、利他的で思いやりがあり親切であること、仲間との間に信頼関係があること、多様な仲間とともに歩んでいることなどと相関する項目です。みなさんは、貢献意欲と利他心にあふれて働いているでしょうか。

幸せな会社の社員に話を聞くと、「成長意欲」と「貢献意欲」が高いことに驚かされます。

もっともっと成長して、もっともっとお客さんのために役立ちたい。口を揃えて、そんなふうにおっしゃいます。成長意欲は先ほどのやってみよう因子、貢献意欲はありがとう因子に関連しています。

3つめの「なんとかなる」は、前向きで楽観的であること。いろいろな出来事をポジティブに捉え、「なんとかなる」と前進する人は幸せです。リスクを取ってチャレンジすることもここに含まれますね。

沖縄には「なんくるないさ」という方言がありますが、まさにこの精神です。ちなみに、「なんくるないさ」は正確には「まくとぅーそーけーなんくるないさ」。「まくとぅー」は誠という意味だと思います。「正しい行いをしていれば、いいことがあるさ」という意味。つまり、楽観的とは、適当でいい加減という意味ではなく、きちんとやっていれば、最後は何とかなる、という意味です。みなさんは、前向きかつ楽観的に働いているでしょうか。

最後の「ありのままに」（ないしは「あなたらしく」）は、人の目を気にせず、自分らしくいること。専門的には本来感（オーセンティシティー／authenticity）といいます。本来の自分は何者であるか、他人との比較ではなく確固とした自己観を持っている人は幸せであるということです。みなさんは、**人と自分を比較するのではなく、自分の個性や強みを磨いて本来の自分としての自信とともに働いているでしょうか。**

いかがでしょう？　幸せな人はどんな人なのか、イメージがつかめたでしょうか。幸せな人とは、やる気と感謝とチャレンジ精神と自分らしさにあふれた人です。

また、**幸せな従業員は、創造性が高く、生産性が高く、欠勤率が低く、離職率が低いこともわかっています。社員が幸せな会社では、利益が多く、会社価値が高く、株価が高いという研究結果もあります。**幸せな人は健康であることもわかっています。幸せな人は不幸せな人よりも7年から10年程度、長寿であることも知られています。

以上のように、幸せな人の条件も、幸せの効用も、かなりわかっているのが現代社会なのです。つまり、「健康に気を付ける（気を配る）」ように「幸せに気を付ける（気を配る）」

べき時代がやってきているのです。

健康経営、働き方改革、人的資本経営、従業員満足度、従業員エンゲージメント、ダイバーシティー&インクルージョンなど、企業では様々な施策が行われていますが、幸福の研究者である私からみますと、**これらはすべて、従業員の幸福度が向上すれば解決します。**なぜなら、右記のように、幸せな社員は、健康で、生産性が高く、人的資本としての価値が高く、多様な者とともに幸せに働く人だからです。

みなさんは、健康に気をつけていますか?

運動をしたり、食事に気を配ったり、十分に睡眠を取ったりと、多くの人は様々なやり方で健康に気を配っていると思います。医学的な情報もたくさんありますし、テレビや雑誌の健康特集では様々な情報が行き交っています。現代社会は健康配慮社会とでもいうべきではないでしょうか。

では、みなさんは、幸せに気を付けていますか?

そもそも「幸せに気を付ける」という表現自体、聞いたことがなかったし、なんだか使い方を間違っているような気がする、というのが率直なご意見かもしれません。そのように思う人が多い理由は、もともと「幸福」と「幸運」は語源が同じだったからだと思います。昔は、運の良い人が幸せになり、運の悪い人は不幸せになると考えられていました。幸せは個人の努力でどうこうできるものではなく、人生とはある程度運を天に任せるしかないものだと考えられていました。つまり、幸せは様々な事象の結果であると考えられていました。

しかし、先ほどから述べてきましたように、幸せは原因にもなり得ることが、科学的研究によってわかってきました。幸せに気を配り、自分を幸せな状態に置くことができれば、その結果として創造性や生産性が上がったり、健康長寿になったりするわけです。つまり、幸せは、他のパラメータの原因にも結果にもなるのです。

さて、では、どうやって幸せに気を付ければ良いのでしょうか？

それに応えるのがこの本です。学術的には、介入研究として、人々に対して何らかの介入、たとえば感謝の介入を行うと（つまり、感謝をするように仕向けると）、その結果、幸福度が上がることがわかっています。逆に、幸福度を高めると、より感謝をする人になることもわかっています。つまり、**幸せは感謝の原因にも結果にもなるというわけです。よって、感謝をするように心がけていると、感謝と幸せの好循環ループが回っていきます。**このような、幸せに気を付けるための方法については、これまでに多くの研究が行われています。

本書では、そのうち、個人が幸せに生活するためのコツ（習慣）を10個（第1章）、個人が幸せに働くためのコツ（習慣）を10個（第2章）、チームで幸せに働くためのコツ（習慣）を10個（第3章）、取り上げました。いずれも、学術的な研究成果に基づいている厳選10です。

ぜひ、これらのうち、お気に召したものを継続していただければ嬉しいです。健康と同じです。健康の習慣が長続きする人と、長続きしない人がいます。

毎朝かかさず筋トレをしていて、もはや筋トレをしないと体が鈍って仕方がないという人。

筋トレをしようと決意するんですが、3日くらい経った頃から、朝は眠いからもうちょっと寝よう、明日からトレーニングしよう、といいながらずるずると習慣化できない日が続いて後悔している人。

前者は健全で健康そうですよね。幸せの習慣も同じです。

前者に対応するのは、毎日かかさず幸せのための習慣を実践していて、もはやそれをしないと爽《さわ》やかでないと感じてしまう幸せな人。

後者は、幸せな習慣を実践しようと決意したんですが、3日坊主になってしまったり、ずるずると習慣化できない日々が続いた結果、後悔し続けている不幸せな人。

前者の方が幸せなのは明らかです。本書には、やるといいことを合計30も掲載しましたが、ひとつでもいいので習慣化してみてください。継続できれば、必ず、幸せで爽やかでやる気に満ちあふれ愛にあふれた状態になっていくことでしょう。

私の妻も幸せの研究者です。そこで、マッドサイエンティストみたいですが（笑）、妻と私は自分の体を使って人体実験をし続けています。すなわち、様々な幸福介入を試しています。もちろん、本書の30個も実践しています。その結果、妻も私も30個を確実に習慣化できています。幸せで爽やかでやる気に満ちあふれ愛にあふれた状態を維持しています。これは本当におすすめな状態です。健康で幸せで人生が楽しいです。ぜひ、皆さんもやってみてください。

幸せの研究者が保証します。少しずつで良いので、本書に書かれたことを実践し、習慣化していけば、幸せな働き方と幸せな生き方を身につけることができると。

ぜひ、一緒に、みんなの幸せを育みましょう！

編集協力：天野夏海
組版・本文デザイン：松岡羽（ハネデザイン）

CONTENTS

第2章 幸せに働くために個人ができる10の習慣

CONTENTS

第1章

幸せに生きるために必要な10の習慣

習慣01 「ご機嫌そうな人」を装う

単純なもので、**幸せそうに振る舞っていると、人は本当に幸せになる傾向があります。**たとえ気分が落ち込んでいたとしても、元気そうにしているだけで気分は晴れていくのです。簡単に幸福度を高める方法として、ぜひ試してみてください。

最も簡単なものの一つは、笑顔になること。**笑顔になるだけで自己肯定感や幸福度が高まり、さらには免疫力も高まるという研究結果があります。**無理にでも口角を上げれば、「自分は幸せなんだな」と脳が騙されてくれるわけです。

逆にいえば、ブスッと機嫌が悪そうな表情をしている人は、自分を幸せな状態から遠ざけているともいえます。ぜひ口角を上げてニコッとスマイルする癖を付けましょう。もちろん大声で「わははは」と笑うのも効果的です。

同様に、姿勢もまた重要です。顔を上げて胸を張り、体を開いていると、「自分は元気なんだな」と、これまた脳が騙されてくれます。ガッツポーズも前向きな気持ちにしてくれますので、おすすめです。

下を向いてしゅんとしたポーズをとると落ち込んだ気分になってしまうように体はできています。想像してみてください。嫌な気分になったり悩んでいたりと、自分を守らなければいけない場面で、人はどのような姿勢をとっていますか？　下を向き、腕や足を組んでいる姿がイメージされると思います。有名な「考える人」のポーズです。

姿勢を正したら、そのまま大きな声であいさつをしてみましょう。相手の目を見て、元気よく「おはようございます」とあいさつをすると、その声は自分の耳から脳に伝わり、「今日は調子が良いのだな」と脳が判断してくれます。あいさつは自分のコンディションを周囲に伝える効果もありますから、「今日は元気そうだな」「少し疲れているのかもしれないな」など、自身の無自覚な体調の変化に気付いてもらうこともできます。いわばあいさつは健康チェックの側面もあるわけですね。

何より、あいさつはコミュニケーションのきっかけになります。あいさつからちょっとした会話が生まれ、それが人間関係を円滑にすることにつながるのです。

その際、ぜひ明るく楽しい会話をしてみましょう。ちょっとした冗談をはじめ、ユーモアもまた幸福度を上げることがわかっています。ただし、「あの人は自分勝手で幸せ者だよね」といった皮肉や、「私なんかどうせデブだから」といった自虐ネタなど、ネガティブなジョークでは幸福度を上げる効果はありません。せっかくなら明るく楽しいジョークで、自分も周囲もハッピーになりましょう。

ワンポイント

- **脳は自分の表情、姿勢、発する声で、自身の状態を判断している**
- **スマイルは幸福度を上げる最も簡単で手軽な方法**

習慣 02

通勤時に公園を通る

自然に触れることで幸福度は増します。山や川などの自然、木や花などの植物、犬や猫などの動物に触れることは、人を幸せにするのです。

例えば公園に行くことは、マッサージやエステなどのリラクゼーションサロンに行くよりも幸せになる効果があると言われています。家の中から20%程度緑が見える人は幸せという研究結果もありますね。

つまり毎日の通勤時に公園や緑の多い道を通るだけで、人は幸せな気持ちになれるのです。

余裕があれば、自宅で観葉植物を育てたり、家庭菜園をしたり、ペットを飼ったりするのもいいですね。赤ちゃんに限らず、人は何かを育てることで幸せホルモンと言われるオキシトシンが出ます。育てることから得られる安らぎがあるからだと考えられます。

最近はオフィスに観葉植物を置く企業も増えています。ある大企業の社長は自然が人間に与える効果を理解した上で、オフィスに緑を置いていると言っていました。オンラインミーティグ中のバーチャル背景を自然風景にしている人もよく見ますが、こうした効果を無意識に感じ取っている人は多いのかもしれませんね。

●肥大化した自分を「地球の一部」と捉え直す

もともと人間は森で暮らしていました。人類が誕生したのは20万年前と言われますが、産業革命が起きたのはほんの250年前であり、江戸の町が現在のコンクリート都市になったのはつい最近の話です。人類の歴史の99・9%は森と共に生きてきたのであり、だから私たちは自然に触れると心地良いと感じるのかもしれません。

「同期のあいつより頑張らなければ」「大学の同級生より仕事で成功したい」といった欲求も、自然の中で考えれば小さなことに思えてきます。自分も同期も同級生も、全ては自然の一部に過ぎません。自然から離れ、自己という概念が肥大化してしまっているから、「夢を持たなければいけない」と焦ったり、「自分の人生は大したことない」と不安に感じたりしてしまうけれど、大きな自然の中に身を置けば、どれも小さな悩みであり、取るに足らないものです。

そうやって自分の小ささを感じられることは、実は大きな安心感につながります。そうやって肥大化した自分を「地球の一部である」と捉え直すことは、これからの人類にとって必要なことだと思いますね。環境問題を自分ごととして考える上でも、そういう意識を持つ必要があるでしょう。

テクノロジーの進化が著しいからこそ、自然に触れることをおろそかにすべきではありません。アメリカのＩＴ企業の経営者の中には、「コンピューターは便利ですよ」と売り出す一方、自身は何十年も前から自然の中に身を置いている人がいます。日本でも最近はキャンプブームですが、デジタル化が進み便利になる一方で、無意識に自然や不便さを求めている面があるように感じます。

何より、目まぐるしい進化を遂げているＡＩには、自然を「美しい」と感じる力はありません。「テクノロジーの進化によって仕事が奪われる」なんて言われますが、自然に身を置き、人間らしい感性を育むことが、機械に代替されない人材になる方法の一つでもあるのではないでしょうか。

ワンポイント

- **植物や動物に触れると、人は幸せな気持ちになる**
- **自然に触れ、感性を育てることは、ＡＩに代替されない人材になる方法の一つ**

習慣03 嫌な出来事をポジティブに変換する

ネガティブなことのほとんどは、ポジティブに捉え直すことができます。いいかえれば、もともとあなたの中に何らかの特徴があり、そのどちらかの面を見るかということなのです。

「飽きっぽい」は「新しいことにチャレンジする力がある」とも言えますし、「周りへの気遣いができない」は「集中力があって粘り強い」のかもしれません。法律を犯すようなことはさすがに無理ですが、「時間が守れない」は時間に対して大らかであるとも言えますし、「怒りっぽくて部下に厳しくしすぎてしまう」は仕事を絶対に成し遂げたいという情熱の裏返しとも考えられます。

くよくよして仕事が遅い部下だって、細かいところまで配慮しながら慎重に物事を進めているのかもしれません。仕事に対してやる気がない困った部下に対しても、「仕事でやる気を出させる必要性について教えてくれた」「多様性について考える機会になった」なんて考え方ができるわけです。反面教師として捉えることも含めれば、大抵のことはポジティブに受け止められると思います。

そうやってあらゆることをポジティブに考えられると、自分の気持ちが前向きになります。ネガティブなことをそのまま捉えてイライラしたり落ち込んだりするよりも、よほど幸せです。幸せな気分は周囲の人にも伝わりますから、良い人間関係を築く上でもポジティブ変換は有効なのです。

ネガティブな部分が表出している人がいきなりポジティブな部分を表に出すのは難しくても、出来事の1割だけでもポジティブに変えることはできるはずです。まずは自分の欠点や嫌なところ、あるいは苦手だと感じる人の特徴を書き出し、それをポジティブに変えてみましょう。文字にするのは嫌かもしれませんが、それをポジティブに変換できると気分が良いものです。

最初はなかなかうまく思いつかなくて挫折することもあると思いますが、羅列したマイナス要素は絶対にポジティブに変換できます。自分一人では無理そうなのであれば、周りのポジティブな人に聞いてみるのもいいですね。創造性を発揮するつもりで、楽しんで試してみてください。

●ポジティブもネガティブも、癖みたいなもの

「私はネガティブだから……」という人も、努力次第でポジティブな思考は身に付けられます。というのも、ポジティブもネガティブも、癖みたいなものだからです。

「世の中なんて間違っている」、「自分は駄目だ」とネガティブな方面に降下している人は、言っている最中はすっきりするかもしれませんが、自らの発言によって自分が蝕まれてしまいます。その結果として、ネガティブ思考の癖がついてしまうのです。

「どうせ私なんか」、「自分にはできない」といった自分へのネガティブ発言もまた、自分に対してそう言い聞かせていることになります。何か言われたとき、反射のように自分を否定してしまっている人もいますが、幸せに生きたいのであればやめた方が得策です。

片や**ポジティブな人は物事をプラスに捉え、前向きな発言をすることによってよりポジティブになっていきます。**転がすうちに雪玉がどんどん大きくなっていくようなもので、最初に「ポジティブな雪玉を転がすか」「ネガティブな雪玉を転がすか」の違いなのです。

ポジティブの連鎖が生まれれば、人の悪口を言わなくなり、周りからも好かれ、自分の自信につながり、幸福度が増し、さらにポジティブになっていく。前向きな発言をしている方が絶対に気分は良いはずですし、心の健康のためにもそっちの方が良いわけです。

習慣1で紹介したように、**幸せに振る舞うと脳が騙されて本当に幸せになるということは、自分の発言や行動もまた、自分の脳に影響を及ぼすということです。**他人に対する悪口や、怒ってばかりいたり、愚痴っぽかったりといった態度は幸福を遠ざけます。「今日はできないけど、明日はやってみよう」という前向きな気持ちを意識しましょう。

●訓練次第でネガティブな人も変われる

もちろん生まれ持っての性格としてネガティブな部分が強い人はいますが、多くの人はきっと子どもの頃はもう少しポジティブだったのではと思います。威張ったり乱暴だったりすることはあっても、超ネガティブな幼稚園生って、あまり見かけませんよね。

つまり、ネガティブは後天的に身に付けた習慣である可能性が高いのだと思います。幼少期から何十年と生きる中で、嫌な思いをしたり、思うようにいかないことがあったり、挫折したりといった経験によって、少しずつネガティブになっていったのではないでしょうか。現に、アメリカ人は40代になっても50代になっても、ずっとポジティブなままでいる人が多いと感じます。これにはアメリカのポジティブな文化が影響しています。同じ人間ですから、日本人のわれわれもポジティブマインドを持つことはきっとできます。

後天的にネガティブになっているのだとしたら、訓練次第でポジティブな性格を取り戻すことはできるはずです。運動が苦手な人であっても負荷の軽い運動で体を慣らしたり、筋肉を付けたりすることで運動能力を向上させられるように、どんな人であっても、努力次第でポジティブさを身に付けることできるでしょう。生まれ持った性格がネガティブだからと諦める必要はありません。

最初は苦手意識が強いかもしれませんが、少しずつで構いません。ジョギングの習慣化と同じです。いきなり長時間走ろうとしても挫折してしまいます。「5分だけでいいから毎日走る」「最初は散歩から始め、徐々に走ってみる」など、工夫によって習慣化をするように、ポジティブ思考の癖付けも、まずは1日1回嫌なことをプラスに捉えることから試してみましょう。習慣化は大変ですが、やればできます。

そうやって細々とでも継続していけば、いずれはポジティブマインドの気持ち良さを体感できる日が来ると思います。ジョギングが習慣になっていて、走らなければ気が済まない人は、ジョギングをすることによって得られるプラスの効果を実感しているから「走りたい」となるわけです。同じように、ポジティブの良さを実感することで、好循環を生んでいきましょう。

ワンポイント

- マイナスな言動のほとんどは、ポジティブに変換することができる
- ポジティブ思考の癖付けは運動習慣と同じ。誰でもやろうと思えばできる

習慣 04

職場の飲み会ではしゃいでみる

自己開示をすると幸せになるという研究があります。「わーっと泣いたら引かれるかな」「はしゃぎ過ぎたら幼稚だと思われるかも」など、つい周りの目を気にしてしまう人も多いですが、そこを乗り越えて素直な自分をさらけ出した方が幸福度は上がるのです。「やってみたいな」「いいな」と思っているのに、我慢していることはありませんか？　心当たりがある人は、思い切って小さなことからやってみましょう。

例えば、写真を撮ってもらうとき、楽しそうな人のポーズを真似してみましょう。あるいは流行りのポーズでもいいですね。ミーハーな感じがして嫌だと思う人もいると思いますが、少しでもやってみたい気持ちがあるのなら一緒になってやってみてください。きっと楽しいはずです。

大切なのは、その場の雰囲気に染まって、一緒に楽しんだり悲しんだりする姿勢です。つい感情を抑えてしまう人は、素直に笑ったり泣いたりしてみてはいかがでしょうか。私も若い頃は映画を見て泣くのが恥ずかしくて、あえて違うことを考えてストーリーに没頭しすぎないようにしていたこともありましたが、物語の世界にどっぷり浸かって満喫した方が満足度は上がります。ディズニーランドに行ったらキャラクターの耳を付ける。酔った勢いでもいいから、職場の達成会で喜びを表現する。羽目を外していい場所でちゃんとはしゃいでみましょう。

最初は気恥ずかしいでしょうし、それまでおとなしかった人が感情をあらわにし、普段やらない行動をしたら周りは驚くかもしれませんが、最初の一回を乗り越えれば「本当はこういう人だったんだったな」と周りの人はすぐに慣れていきます。メガネや髪型など、ちょっとした変化も「急にイメージチェンジしたんだなって思われたらどうしよう」と心配する人がいますが、自分が気にするほど人は自分のことを見ていません。一度試してみると、それが実感できると思います。

●物事を満喫すると何が起きるか

例えばレストランに行って、おいしい料理が出てきた時。淡々と食べる人と、「おいしい！こんな料理食べたことない！」と感動をあらわにしながら食べる人では、後者の方が目の前の料理を満喫しているのであり、幸福度は上がります。

私の妻を例に挙げると、彼女は物事を満喫するのがとても上手です。時には「そこまで言う？」と思ってしまうこともあるのですが、大袈裟なリアクションをして悪いことはないんですよ。「この料理、味付けが独特でおいしいね」などと言われることで、僕自身が食事をよく味わうきっかけにもなりますし、「言われてみたら確かにそうだね」という新たな発見やコミュニケーションにもつながります。

さらに、妻はウェイターにも食事の感想を伝えています。帰る頃には「今日はお越しいただきありがとうございました。ぜひまたいらしてください」とシェフから名刺をもらうことも。そこで「実は幸せの研究をしているんです」とちょっとした会話をすることで親しくなれて、次回お店に行ったときに1品サービスしてくれたり、なんてこともあります。「このお店、おいしいんだよ」と後日友達を連れて再訪すればお店の皆さんはうれしいですし、「今日の料理は盛り付けがすてきでした」と再度感想を伝えればシェフはハッピーになり、自分自身の食べる喜びも増す。「自分の気持ちに素直になって、目の前の出来事を満喫しないと損だな」と妻を見ていると強く感じます。

●物事を満喫できる人、できない人

一つ前の習慣で紹介したポジティブ、ネガティブの習慣とも通じますが、個人の性格の差はあれど、感情を表に出せるかどうかもまた、癖のようなものだと思います。アメリカ人のリアクションは日本人よりもテンションが高く、日本人からすると大袈裟に感じるかもしれないけれど、現地では普通のこと。それだけ日本人はおとなしいのでしょうね。

そもそも文化の違いもあります。相撲でガッツポーズを取ったら怒られますが、野球でガッツポーズをすれば観客を含め全員が盛り上がる。僕の親世代ぐらいまでの日本では、「男は寡黙に、女はおしとやかに」が良しとされていた面があり、その影響もまだ残っているように思います。行儀良くしているのが美徳とされる面は今もありますし、それが日本の良いところではあるものの、行き過ぎて物事を満喫できず、幸せを遠ざけてしまうのはもったいないものです。

また、ネガティブな感情も我慢しない方がいいでしょう。思いきり落ち込んだり泣いたりして、周りの人を頼り、話を聞いてもらうことで、気持ちは落ち着いていきます。これを一人で我慢してしまうと、心の中にしまい込んだままトラウマになりかねません。最悪の場合、心の病につながってしまう恐れもあります。何か嫌なことがあった時に「落ち込んでいるんだけどどうしよう」と周りに頼ればダメージは軽くて済みますが、その気持ちを放っておくと、どんどん悪化してストレスが溜まってしまうのです。

だからこそ、感情を素直に表に出し、時には爆発させましょう。楽しさ、喜び、感動、悲しみ、怒り、落ち込んだ気持ち……素直な自分を思いきり出すことはハッピーでいるためにとても大切なことです。

目の前の物事を素直に満喫する筋力もまた、訓練で鍛えられます。そんなつもりで素直な人の言動を見習いながら、徐々に感情をあらわにすることに慣れていきましょう。ただし、悲しみや怒りに任せてハラスメントをしてはいけません。そこは注意してくださいね。

ワンポイント

- **自分の感情や「やってみたい」の気持ちに素直になろう**
- **目の前の出来事を満喫する筋力は、訓練で鍛えられる**

習慣 05

「ありがとう」に感謝の理由を添える

心から「ありがたいな」と思うとき、脳からはセロトニンやオキシトシンという愛情の元となるホルモンが出ています。幸せになるのは感謝された人のような気がしますが、実は感謝する側も幸せになるのです。

まずは照れずに「ありがとう」を伝えることが大切ですが、儀礼的に言ってもあまり効果はありません。「これをやってもらえて助かったな」と心から感謝の気持ちが湧き上がってくるときにセロトニンやオキシトシンが出るのであり、口だけで「ありがとう」を言っても幸せにはつながりません。

またしても妻の話ですが、彼女はコンビニでも「お箸の渡し方が丁寧で素敵ですね。ありがとうございます」なんて店員さんに伝えています。相手は気分が良くなりますし、印象にも残りますから、その後も「また来てくださってありがとうございます」と声を掛けられるようになるなど、すぐに親しくなってしまいます。

彼女と同じことをするのはハードルが高いかもしれませんが、まずは身近な人に向き合い、目を見て感謝の気持ちを伝えることから始めてみてください。驚くほど伝わると思いますよ。

それがすでにできている人は、さらに心を込めた感謝を練習してみましょう。具体的には「ありがとう」に感謝の理由を添えてみてください。「いつも助かるよ」、「ここまでできる人はそういないよ」など、何に感謝をしているかを伝えることで、「この気配りを喜んでくれていたのか」と相手は理解できますし、何より純粋にうれしいものです。

先日、私の結婚記念日に娘からメッセージが来たのですが、「結婚記念日おめでとう。私がいつも幸せでいられるのはお父さんのおかげです」と書いてあり、親バカの自慢になってしまいますが、「良いこと書くなぁ」と感動してしまいました。「結婚記念日おめでとう」だけだったら「ありがとうね」で終わりますけど、その後の一文があることで「娘は幸せなんだな」と安心しましたし、それが僕のおかげだと思ってくれているだなんて感無量です。「育ててよかった」とグッときてしまいましたし、長かった子育ての苦労が吹き飛びました。

また、そうやって具体的に感謝をされると、相手も同じことをしたくなりますから、感謝を具体的に伝えることは回り回って自分が感謝されることにもつながります。ポジティブになる練習の一環としても、感謝を具体的に伝えるのはおすすめです。

●「やってもらって当然」に要注意

感謝を伝えるのは対人関係の基本ですが、日常生活において人は感謝を忘れがちです。後輩がミーティングの資料を準備してくれること、親やパートナーが食事を用意してくれているおかげで仕事から帰ってすぐに夕飯が食べられること、当たり前のこととして受け止めてしまっていませんか？

普段からやってもらっていることに対して「いつもありがとう」と一言伝えるだけで、相手は「やってよかった」と思ったり、報われた気持ちになったりするものです。ゴミ出し一つとっても「当番だからやって当然」ではなく、「今日のゴミ、重かったでしょう？ありがとうね」と伝えることで、「いやいや、軽かったよ」とちょっとした会話が生まれ、それだけで人間関係は良くなっていきます。

特に近い距離の人ほど「やってもらって当たり前」になりやすいもの。現に日本では結婚したカップルの三分の一が離婚し、一番多い殺人は親子間という悲しい事実もあります。身近で大切な存在だからこそ「可愛さ余って憎さ百倍」になってしまいやすいけれど、感謝をきちんと伝えることはそういった事態を防ぐ有効な手段の一つでもあることを覚えておきましょう。

ワンポイント

- 感謝された人だけでなく、感謝する側も幸せになる
- 身近な人にこそ、目を見て感謝の理由とともに「ありがとう」を伝える

習慣 06

「一人じゃない」と思える時間を持つ

想像にかたくないと思いますが、孤独な状態は幸福度の低い状態です。

大切なのは、孤独感を放っておかないこと。孤独の最中にいるとき、人は自分に価値がないと思い込みがちです。だから寂しさを感じているのに「友達に連絡したいけど、迷惑かもしれないな」と気後れしてしまったり、連絡を取ることを億劫《おっくう》に思ってしまったりする。ただ、それでは孤独は深まるばかりです。思い切って人を頼りましょう。

誰かと会って5分会話をするだけで、人は幸福度が上ります。もっと言えば、会話はなくてもいい。２人でいるのに黙ってスマホを見ている若い人をカフェなんかで見かけますが、たとえ会話がなくとも「一緒にスマホを見ている」こと自体が人と過ごす安心感につながっています。「せっかく2人で一緒にいるんだから話せばいいのに」と思う人もいるかもしれませんが、人と空間や時間を共有している感覚があることが、孤独感をなくすためには大事なのです。

コロナ禍で孤独感を覚えた人が多いと思いますが、この点を私はとても心配しています。すでにコロナ禍で女性の自殺者が増えてしまいましたが、この先も心に大なり小なり傷を負った人の問題が出てくるのではないか、と。心の傷も体の不具合と同じで、皺寄《しわよ》せがじわじわと来るものです。気づかないくらい少しずつ孤独になっていき、昔は元気だった人が暗くなっていくようなことが起こり得る。そして、それは自分では意外と気づけないことでもあります。毎日ちょっとずつ食べ過ぎて、徐々に太っていっているのに気が付かないのと一緒です。

そういう意味でも、人と会うことは大切です。「あれ、ちょっと元気ないんじゃない?」と言ってもらうことではっとすることもありますから。

●人と会うだけが全てではない

ただし、「一人でいること＝孤独」というわけではありません。「Loneliness（孤独）」と、「Solitary（孤高）」は別物です。一人でご飯を食べる、一人旅をするなど、一見孤独に見えたとしても、本人が楽しんでいれば、それは「Solitary（孤高）」です。反対に、本人が寂しさを感じていたら「Loneliness（孤独）」というわけですね。

つまり幸福度を下げる孤独とは、寂しいと感じたり、一人ぼっちだと感じたりする状態のことなのです。誰かと一緒にいる、友達がたくさんいるといった物理的な状態ではなく、自分の感じ方で判断しましょう。たとえ一人であったとしても、一人で集中して食事を味わっているのは「Solitary（孤高）」な状態であり、幸福度を下げる孤独とは別物です。

そういう意味で、孤独感を減らす方法は、人と会う予定を増やしたり、友達や恋人を作ったりすることが全てではないのです。むしろ人と一緒にいたとしても、さみしい気持ちがあるのであれば、それは孤独を感じているのかもしれません。**「人と一緒にいる＝孤独ではない」とは限らないことを知っておきましょう。**

● 一人で孤独を解消する方法

職場に人はたくさんいて、日々コミュニケーションを取っていたとしても、「ここに自分がいる意味はあるのだろうか」と虚しさを感じている人もいると思います。これも孤独感です。それが加速していけば、心の病にもつながりかねません。

孤独を解消する上で大切なのは、安心感です。遠くに住む親と電話で3分間話すだけで「一人じゃない」と思えることだってありますし、もっと言えば大好きな人を想うだけで心強く感じることだってあるでしょう。人に会って話せば確実に孤独感は減りますけど、それ以外の方法もたくさんあります。

例えば、外に出ること。家の中で一人ぼっちだったとしても、どこかに出掛け、周りに人がいればちょっとしたコミュニケーションが発生します。

僕はアメリカで一人暮らしをしていた時、一日中家で勉強をしていて、人と接するのは近所のコンビニ店員くらいという時期がありましたが、「やあ!元気?」から始まり、「さっきこんな出来事があって……」と話し始め、時には他のお客さんも交えて立ち話になることがありました。たかが1~2分の会話でも、「今日はコンビニの兄ちゃんとしか話さなかったけど、楽しかったな」という気分になれました。

他に、自然に身を置くのもおすすめです。習慣2でもお伝えしましたが、たとえ周りに誰もいなくても、虫や鳥がいて、木々が生い茂っている中にいれば「自分も自然の一部だ」という実感が得られます。僕の友人は小学生の時にいじめを受け、クラス全員から無視されて一人ぼっちだったそうですが、森に行って虫と過ごすことで、「仲間がいる」という感覚を持てたのだそうです。「学校では一人ぼっちだけど、今は鳥や虫、草木に囲まれている」と思えることが、その人の救いであり、癒しになっていたというわけですね。最近はキャンプが人気です。みんなでワイワイ過ごすのではなく、ソロキャンプで自然と接するだけでも、孤独感を減らす効果があるでしょう。

誰しもが多かれ少なかれ、寂しさを感じるもの。どれだけ良い人間関係を築けていたとしても、生きていれば孤独を感じる瞬間はありますし、たとえ一人で充実した時間を過ごしていたとしても、ふと孤独感が入り混じることはあるでしょう。だからこそ孤独をなくすことを目指しすぎるよりも、孤独に感じる時間を減らすことを考えられるといいですね。

ワンポイント

- **「一人でいる＝孤独」とは限らない**
- **人と会う以外にも孤独感を解消する方法はある**

習慣 07

隣のデスクを拭く／時々サボる

自分のこと以上に他人の幸福を願うことを「利他」といいます。人に対して貢献する、優しくする、親切にする。こうした「誰かのために」を動機とした利他の行動は、自分も幸せにします。

もちろん理想は「この人のために何かをしてあげたい」という心からの気持ちを持って人に貢献をすることですが、実はたとえ利他の心がなかったとしても、利他的な行動をしていれば結果的に本人が幸せになることがわかっています。「無理矢理ボランティア活動をさせたら、やっているうちに本人の幸福度が上がっていった」という研究結果もあります。起点が何であれ、人に対して良いことをしているうちに感謝され、自分の気持ちも清々《すがすが》しくなっていくのでしょうね。

つまり、最初のきっかけは何でもいいんです。偽善でもいいから、ボランティア活動に参加したり、自分のデスクを掃除するついでに隣の同僚のデスクも拭いたりと、人のために何かしら行動をしていれば、最終的に自分自身の幸福度を上げることにつながるのです。

●利他的すぎる人は要注意

ただし、これは利他の精神が足りない人へのアドバイス。反対に「利他的すぎる人」は自己犠牲になりやすい傾向にあり、注意が必要です。

「自分はどうなってもいいから人を助けたい」というのは、自己犠牲がベースとなった考え方です。看護師など対人援助職の人に多い傾向にありますが、自分をないがしろにした状態で利他的な行為をしても、自分の幸せにはつながりません。コロナ禍には「人のためになりたい」という想いを持った医療従事者が疲弊し、辞めていく事態が続出しました。異常事態でしたから、自分を犠牲にせざるを得なかった人がたくさんいたのだと思いますが、やはり利他の精神だけでは長く続かないのだと痛感します。

幸せな人には、強さと優しさの両方があります。強さだけでは自分勝手になってしまうし、優しさだけでは脆《もろ》い。ナイチンゲールは優しさだけでなく、「世界を良くする」という強い決意も持っていたから、長く人々のために尽くしてこられたのだと思います。

ところが、ほとんどの人は強さと優しさのバランスがどちらかに偏りがちです。利他が足りないのも、利他の心だけで「自分」が不在になってしまっているのも、どちらもあまり幸せな状態とは言えません。

他人を思いやるように、自分自身のことを大切に慈しむことを「セルフコンパッション(self-compassion)」と言います。自分への思いやりです。自分が幸せになるために利他の精神（コンパッション、思いやり）が大切なのは間違いありませんが、人に対して優しくするのと同じだけ、セルフコンパッションも必要です。

「プロジェクトチームのためになるなら自分は我慢しよう」

「夜勤続きで体がつらいけど、お客さんのために耐えるのは当たり前」

「家族のためなら自分はどうなってもいい」

このような発想でつい周りの人を優先してしまう人は、自分に意識を向けましょう。周りの人を心配し、気遣うのと同じだけ、自分のことを気にかけていられているでしょうか。特に自信がない人ほど、「もっとやらなければ認めてもらえない」という自己犠牲の思考回路に陥《おちい》りがちです。

プロジェクトチームやお客さん、家族を幸せにしようとしているのは素晴らしいこと。だからこそ、「それを行う自分も幸せになっていいんだ」と思うことがスタートラインです。自分に対しても愛情を注いであげてください。

そして、自分の幸せを願う練習をしましょう。マインドフルネスの一種に「私が幸せでありますように」、「みんなが幸せでありますように」と自分や周囲の人を思う慈悲の瞑想がありますが、自分の頑張りを認めて褒める、自分を抱きしめるなど、人のために動いている自分に対する愛を表現することが大切です。人に対して「頑張っているね」と言えるのであれば、自分に対しても「頑張っているね」の声掛けはできるはずです。

●「幸せになる利他」のバランスを意識しよう

「誰かのため」の行動は、良いことだと思ってやっていることがほとんどでしょう。だからこそ、人に貢献している自分の行動には問題がないと思い込みやすい面もあるように思います。ゆえに自身の行動が自己犠牲的になっていることに気づきにくいところもあります。

自分の状態を判断するポイントとして、まずは「私は幸せだ」と心から思えているか、自分の胸に問いかけてみてください。もしも自分ばかりが損をしている気がしてしまったり、なんだか疲れた感じがしたりするなら、自分を見つめ直す機会かもしれません。

自己犠牲的になってしまっているかもしれないと気づいた人は、思い切ってサボることを検討してみてください。真面目な人ほどサボることに抵抗があるものですが、まずは週に1日、数時間でもいいから、「自分のために、自分が好きに過ごす時間」を作ってみてください。「自分へのご褒美」としてケーキを食べたり買い物をしたりするタイプの人を見習ってみましょう。

なお、私の妻はかつて専業主婦でした。家のことは彼女に任せていましたが、月に数回は「妻の日」を作り、その日の家事は私が行い、妻には自由に過ごしてもらっていました。それは彼女にとって大切な時間だったと思いますし、妻のために時間を作る私自身の幸せにもつながっていたように感じます。

「自分のせいにしてしまいそうになったら、他人のせいにしよう。他人のせいにしてしまいそうになったら、自分のせいにしよう」

これは私が作った標語です。自分のせいにしすぎる人は自己犠牲になりやすいので、意識的に他人のせいにしちゃいましょう。反対に、他人のせいにしてばかりいる人は、「自分のせいかも」という発想を持ちましょう。

大抵のことは自分のせいであり、他人のせいでもあります。どちらかが100%悪いなんてことはほとんどなく、バランスの問題。だからこそ、どちらかに極端に偏ってしまっていないか、自分を顧みて、「幸せになる利他」のバランスを意識してください。

ワンポイント

- **世の中には「利他が足りない人」と「利他的すぎる人」がいる**
- **強さと優しさのバランスが取れた状態での利他的な行動が、自分を幸せにする**

習慣 08 仕事と自宅以外で過ごす時間を持つ

幸せであるためには、自分を理解する必要があります。自分のことがわかっていれば「これをやれば今の自分は幸せでいられるな」というのもわかりますから、この本を読む必要もありません。幸福の研究をしてきた結果、今の私は何をしたら自分が幸せになれるかよくわかるようになりましたが、これは本当に楽です。

ただ、自己理解を深めるには時間がかかります。簡単なことではありませんが、まずは「自分を理解しよう」という姿勢を持つことが大切です。

その上で、自分を知るための手段として有効なのが、多様な経験をすること。会社員として働いているのであれば、会社の外の世界に出てみましょう。家と会社の往復だけで一生を終える時代から、今は多様な生き方ができる時代になりつつあります。副業やプロボノ、ボランティアなど、複数の仕事を持つパラレルワーカーもだんだん増えてきました。これは幸福学の観点から見ると、非常に良いことです。

人間は経験から学びを得ます。同じ環境で同じような仕事をしていると、どうしても慣れが生じ、だんだんと新たな経験や学びは減っていく。だからこそ、普段とは違う世界に身を置き、日常とは異なる経験から刺激を得ることが、自分の新たな一面を見つけることにつながるのです。自分らしさを多角的に考えるきっかけにもなりますから、少しずつ自己理解を深めることができます。時には失敗したり挫折したりすることもあるでしょうけど、ダメだった理由にもまた自分らしさのヒントは潜んでいます。

●「本来の自分」を理解した先に自分軸がある

そうやって多様な経験を積みながら、「なぜこれが楽しいのか」、「なぜこれをやりたいのか」、「なぜこれはうまくいかなかったのか」と、自分に対する「なぜ?」を繰り返し問い、自分を深く掘り下げていきましょう。そうやって**「自分はどういう人間なのか」「自分は何がしたいのか」を突き詰めていった先にある、根源的な生きがいこそが自分軸です。**

「はじめに」でも述べたように、「自分らしさ」は、心理学では「オーセンティシティー」と言います。「本来性」を意味する言葉で、「本来の自分は何か」を理解し、それによって自分が何をしたいかが分かっている状態が「自分軸がある」ということ。だから**自分軸と仕事の関連性が高いほど、幸せに働けるわけです。**

自分軸のポイントは、「会社の中で働く私」、「家族にとっての私」といった社会や人に対する自分ではなく、「私は」という本来の自分を主語としている点にあります。

社会に身を置いて生きているわけですから、世の中や職場、家族、友人から求められる「こうあるべき」に惑わされやすく、自分の本心が見えなくなってしまっている人は非常に多いと感じます。日本人は真面目と言われますが、真面目ゆえに「こうあるべき」に適応してしまい、結果的に自分の本来性を見失ってしまっている人はたくさんいるのではないでしょうか。「これが私の自分軸だ」と明確に言える人は、ごく少数だと思います。

●自分らしさは一生かけて探すもの

ただし、自分軸がわからないことを気に病む必要はありません。自分らしさが分からないことに悩むよりも、「まだ探している最中なんだ」と考えるくらいがちょうどいいと思います。自分がどういう人か、何をしたいか、分からないのは自然なこととして受け止め、そこから自分を探る方向に切り替えましょう。

なぜならば、「自分」は日々変わっていくものだからです。人生100年時代と言われる今、100年をかけて「自分らしさ」は成長するのです。だからこそ自分らしさの一端をつかむまで時間がかかるのであり、それがわからない最初のうちはふわっとしていて当然なのです。ゆえに若い人ほど、「この仕事は自分に合っているのだろうか」とモヤモヤ悩むわけですね。

ふわっとした自分らしさは、磨いていくうちに輪郭がはっきりしていきます。そして、**輪郭を磨くために必要なことが、さまざまな経験をすることなのです。**興味があること、楽しそうだと感じることを試し、向き・不向きや得意・不得意、好き・嫌いを理解する工程が必要です。

若手のうちは仕事の裁量が小さく、時には不本意な業務を任せられる場面もあると思いますが、自分らしさを探求する一環として、まずはやってみることが大事だと思います。むしろ「自分はこういう人間だ」と早々に決めつけない方がいい。決めつけた瞬間、チャレンジするきっかけを失い、成長は止まり、「こういう人間だ」と決めた範囲内で固定されてしまいますから。

同じ理由で、「私なんてどうせ大したことないから」、「自分はこの程度の人間だから」と自分を卑下するのもやめましょう。自分が見積もった可能性がそのまま自分の限界値になってしまいます。「自分にはもっと可能性があるはずだ」と信じて、より良い自分らしさを探していった方が幸せに生きられます。

自分探しは、いわばロールプレイングゲームのようなもの。自分の人生というストーリーを歩みながら、さまざまな人に出会い、敵やハプニングと遭遇し、経験値を積みながらやれることを増やしていく。そうやって自分の特性を理解していきましょう。

余談ですが、年代別に幸福度を見ると、40〜50代は幸福度が底になる時期です。本来の自分に対して夢や目標が大きすぎると疲れますが、それでも自分の可能性を信じられる20〜30代に対し、40〜50代は自己理解が進み、自分の特性や限界が見えてくることで、諦めや手放しの気持ちが生じてくる年代なのでしょう。そこから「自分の人生はこういうものなんだな」と落とし所を見つけ、腹が据《す》わり、人生を自分らしくマイペースに過ごせるようになっていくことが関係しているのか、それ以降の幸福度は再び上がっていきます。

人生の旅は、そんな感じなのだと思います。自分らしさの探求は長期戦だと捉えて、焦らずに楽しみながら歩んでいきましょう。

ワンポイント

・自分を理解できれば、幸せになる方法もわかる
・ただし、自分らしさを理解するのは難しく、時間がかかるものである

習慣 09

「面白そう」を気軽に試す

夢がある人は幸せだという研究結果があります。ただ、これもまた自分らしさと同様、「これが自分の夢です」と語れる人は少数でしょう。

「これがやりたい」というものがない人は、片づけコンサルタントの近藤麻理恵さんが提唱する「こんまりメソッド」を応用してみましょう。こんまりメソッドは「ときめくかどうか」を基準に手元に残すものと捨てるものを決める考え方。同じように**自分の日々を振り返り、日常生活のちょっとした出来事の中で、やっていて楽しいこと、ワクワクすることをまずは100個書き出してみましょう。**

その中でも、特にワクワクすることが何で、それがなぜ好きなのか。毎日の生活の中で少しでも考える時間を持つことは、自己理解を深めることにもなります。そして、自分のことが分かっていった先に夢や目標があるものです。

普段の仕事も、「ときめく仕事」という観点で見つめてみてください。一口に仕事と言っても、その中にはさまざまな業務があるはずです。営業職であれば、提案や交渉などクライアントと接する業務だけでなく、資料作成や提案内容の立案、クライアント情報の管理、後輩指導、経費精算や契約書の処理といった事務作業など、多岐にわたります。その中で、自分はどの業務が好きで、積極的にやりたいと思うのか。反対に、どの業務が嫌で、できればやりたくないのか。改めて考えることが、自分の志向を把握することにつながります。

そうして見えてきたときめく仕事の分量を増やし、ときめかない仕事を減らしていけば、自分がやりたいことに近づけます。今は社内異動や転職だけでなく、副業や社外活動など、チャンスはいろいろありますから、日々の中に自分がときめくことの割合を増やしやすいと思います。ワクワクするサードプレイス、フォースプレイスを探すのもいいですね。いきなり転職せずとも、そうやって試行錯誤できるのは、今の時代の良いところだと思います。

●「まああのワクワク」から夢が見つかることもある

「夢」と聞くと、大きな目標を掲げなければいけない気がしてしまいますし、「これだ！」というものを最初から設定しなければいけないように思ってしまいがちかもしれませんが、「3歳の頃からスケート選手になる」といった夢を持ち、追い続けている人の方がレアです。ほとんどの人は「文章が好きだから出版社に入る」「テクノロジーに興味があるからAIサービスを扱う会社で働く」といった動機からキャリアをスタートし、仕事をするうちに次にやりたいことを見つけていくのだと思います。

僕もまた、数学と理科が得意だったことから工学部に進学し、ものを発明することで日本を豊かにしたいという思いから、新卒でメーカーのキヤノンにエンジニアとして入社しました。そうして働く中で、29歳のときに会社の留学制度を使ってUCバークレーに2年間行かせてもらったことがきっかけで教育に興味を持ち、たまたま目にした慶応義塾大学の講師募集に応募をしたことが今の研究者の道の入り口となっています。

つまり、**「好きなことをしていけば、次の道は見えてくる」ということ。**ワクワクを追っていれば、さらなるワクワクと出会えるわけです。そのためには継続が必要ですが、好きなことであれば続けられますし、続けていればなんだってうまくなっていきます。そうして好きなことが特技になっていき、「特技を生かしてこういうことがしたい」という欲求が生まれ、それが夢になっていく。

このように、多くの人にとっての夢は、自分のワクワクを模索し続けた先に見つかるものなのだと思います。「夢が見つからない」、「ワクワクすることを10個書き出したけど、どれも仕事としては向いていない気がする」と悩むのではなく、まずはどれが向いているか試すこと。今は調べればすぐに答えが見つかる便利な社会になり、トライせずにわかったような気になってしまいがちですが、「自分が何にワクワクするか」は実際にやってみなければわかりません。

なお、ここでいうワクワクは「まあまあのワクワク」で構いません。特にモヤモヤしている時はワクワクしにくいものですから、「自分にはワクワクするものがない」なんて自分を責めずに、そういうものだと受け止めましょう。その上で「ちょっと面白いかな?」くらいのことを気軽にやっていきましょう。

中には、続けていくうちに面白くなっていくものも出てくると思います。スポーツでイメージするとわかりやすいですが、野球をやるにしても、最初は素振りや走り込みなどの地味な基礎練習がメインですし、そもそも下手なうちは面白くないじゃないですか。基礎を積んでうまくなっていき、視点が上がっていくことで野球特有の絶妙な面白さを見出したり、自身も試合で駆け引きができたりするわけです。

人生もスポーツと一緒です。最初はつまらなくても、やっていくうちに好きになっていくことはいくらでもあります。最初から雷に打たれたように「これだ!」と確信を持つことなんて滅多にないのです。極めるから面白くなることもあるというのは、頭の片隅に置いておきましょう。

●「自分にとっての良い道」を探す、苦労とメリット

やりたいことや夢、目標がなくて悩んでいる若い人は多いと思いますが、それはある意味、自然なことだと思います。

というのも、私の若い頃は「これが良し」とされている生き方がある程度決まっていました。「エンジニアとして、日本を豊かにするものづくりをするのが夢です」と言ってキヤノンに新卒入社しましたが、他の同期も同じようなことを言っていたわけです。もちろん当時は本気でそう思っていましたけど、振り返れば「それが良い仕事だ」と社会から思い込まされていたところもあったと思います。

片や、今は多様な時代です。1社で勤め上げる時代は終わりを迎え、模範的なキャリアもなくなりました。おじさんの中には「自分は若い頃からやりたいことがあったのに、最近の若い人はだらしがない」みたいな発言をする人もいますが、そもそも時代背景が違う

ので、そのような比べ方をするのは違うと私は思います。

生き方が多様になった分、ややこしくなりましたし、自分で道を見つけ出さなければならない苦労もありますが、見方を変えれば「社会で良しとされていることではなく、自分にとっての夢を探すチャンスがある」ということでもあります。自由に選べるがゆえの選択肢の多さが苦しいと思うかもしれないけれど、多様な選択肢から選べる良さもあるわけです。

それに、20年前の僕がメーカーを起業するには何十億円という資金が必要でしたが、例えばＩＴ系のサービスであれば元手がなくてもビジネスをスタートできます。ＡＩをはじめテクノロジーの進化によって、この先ビジネスを始めるハードルはさらに下がるでしょう。思いついたことをやった人が勝つ世界になりつつあるからこそ、ワクワクすることをまずは試し、自分がやりたいことに近づいていきましょう。

ワンポイント

- **「ワクワクすること」を１００個書き出す**
- **好きなことを続けるうちに特技になり、それを生かしたいという欲求が生まれる**

習慣10 習慣1〜9のうち、まず一つを試す

紹介した幸せになる習慣のうち、一つでも継続して自分の習慣にしましょう。それが自己肯定感を高める第一歩です。

自己肯定感とは、文字通り自己を肯定的に捉える力であり、要するに自分を信じる力です。「自分は大丈夫」「自分はできる」という自尊感情であり、自分に対してプライドを持つことでもあります。反対に、「自分には強みがない」「自分の良い将来が想像できない」といった自分に対して否定的な思いが強い人は、自己肯定感が低いといえます。

実は、自己肯定感と幸せの相関は非常に高く、相関係数は0・7もあります。これは専門的にはほぼ同じ概念といっていいとも考えられる数字です。「幸せ」と「自己肯定感」は

全く異なる言葉のようですが、自己肯定感が高ければ幸せで、低ければ不幸せと断言してもいいくらいの相関関係にあるのです。

試しに、これまで紹介してきた幸せの要素をひっくり返してみましょう。不機嫌そうで、ネガティブで、感情を出さず、感謝を伝えず、孤独で、自分勝手あるいは自己犠牲的で、自分らしさがわからず、夢もない。このような状態にある人の自己肯定感が低いのは、容易に想像できますよね。

●「これならできそう」から始め、得意を伸ばそう

「幸福度を上げるための習慣を提案する」が本書のテーマですが、幸せになることと自己肯定感を高めることが相関関係にあるのですから、これまでに挙げた習慣は「自己肯定感を上げるための習慣」でもあります。だからこそ、自己肯定感が低い人は幸せになる行動を習慣付けることで、幸せでいられる自分を育てていきましょう。

その際、「これは苦手だから頑張ろう」よりも、「これをやってみたいな」「これならできるかも」と思えるものから始めることを推奨します。つらいことを続けるのは大変ですし、何よりも幸せになるための習慣ですから、得意なところを伸ばした方がハッピーじゃないですか。苦手科目をどうにかするのではなく、得意科目を磨き上げるようなイメージで取り組めば、個性を伸ばすことにもなります。ぜひ、そんな感覚で取り組んでみてください。

一つでも習慣化し、幸福度を高められれば、「幸せそうな良い人」に自然となっていきます。周りからの見られ方も変わりますし、「できるかも」を「やっぱりできた！」に変えられれば、自分の自信にもつながります。

なお、自己肯定感は低すぎると不幸せですが、高すぎても自己中心的になりやすく、あまり良くないとも言われています。10段階中の7〜8ぐらいを目指すくらいがいいかもしれません。

ワンポイント

・自己肯定感と幸福度の相関は非常に高い
・得意なところを伸ばす意識で「できるかも」を「できた！」に変えれば、自信になる

第2章

幸せに働くために
個人ができる
10の習慣

習慣 01

「なぜこの仕事がしたかったんだっけ？」を問い直す

幸せに働く上で非常に重要なのが、主体性です。人から言われた通りに働く「やらされ仕事」をしている状態は、あまり幸せではありません。

もし目の前のノルマや数字、与えられた仕事に追われてつらくなってしまっているのであれば、初心に立ち返りましょう。

「そもそも働くのが嫌」という人は、第1章の「幸せに生きるために必要な10の習慣」を振り返っていただくとして、ほとんどの人は就職する際に「こういう仕事がしたい」という意思が大なり小なりあったはずです。少なくとも「この仕事だったらやってみてもいいかな」「この会社はいいかもしれない」といった、何かしら現職を選んだ理由があったと思います。嫌々仕事を始めた人もいるかもしれませんが、それでも最初は新しいことを始める期待や「今日から社会人だ」といったワクワク感もあったのではないでしょうか。

ただ、実際に仕事を始めると、「こんなはずではなかった」と思うことにも直面します。私もまた、機械工学の道に進み、最初の就職先として精密機械メーカーを選びましたが、いざ働いてみるとやりたくない仕事もありました。いろいろな人を見ていても、入社前の想像との違いに戸惑ったり、「仕事なんてこんなものだよ」と諦め顔で語る周囲の大人たちに流されたりと、気が付けば仕事に対してネガティブに思ってしまう人は多いように感じます。

そんな時こそ初心を思い出しましょう。私の場合、新卒でメーカーに入社しエンジニアになったのは、世の中を良くしたいからであり、やりたくないと思っている仕事も世の中を良くするための一部。そう考えれば、全ては大切な仕事であり、決してつまらない仕事ではないのです。

●3人の石切職人に見る、仕事との向き合い方

例として、ドラッカーの著書『マネジメント』に載っている3人の石切職人の話を、幸福との相関をわかりやすくするためにやや脚色して紹介しましょう。

1人目は、お金を稼ぐために石切職人をやっています。「低賃金の肉体労働でやる気はないけど、自分は勉強もしなかったから石を切るくらいしかできない」と考えており、仕方なく石切職人をやっています。

2人目は、誰よりも良い仕事をするために石切職人をしています。「スキルアップして石をまっすぐに切ること」にやりがいを見出し、それをモチベーションに技術を磨いています。

3人目は、先々に残る教会をつくるために石切職人をしています。「私が切った石があ

の教会の土台になり、それによって教会は500年先まで残り続け、私の子孫をも幸せにする」という想いを持って働いている。

どうでしょう？　同じ「石を切る」という仕事でも、仕事の向き合い方にはこれだけの差があるのです。

おそらく皆さんの予想通り、幸福度が最も高いのは3人目の石切職人です。「500年先に残る教会を作る」という大きな視点を持ち、目の前の仕事が持つ意味と必要性を理解した上で、自分がやっていることが回り回って世の中の役に立つことを想像しながら働いています。視野が広い人は幸せだという研究結果もあるのですが、「なぜ自分はこの仕事をやっているのか」という動機の深みが増すほど、仕事に対する主体性は増していく。そのようなことが3人の石切職人の例から見えてきます。ちなみに、2人目の石切職人も技術者魂と成長意欲があり、幸せそうです。1人目の石切職人は、視野が狭くやる気もなくて、不幸せそうですね。

これは全ての仕事に通じる話です。掃除一つとっても、「誰でもできる仕事」ではなく、「世の中を綺麗にする仕事」と捉えた方が主体的に動け、幸福度も増すのです。

「誰かがつまらない仕事をしなければ社会は回らない。そのつまらない仕事を自分が担っているのだ」と思い込んでいる人は、自身の仕事を見つめ直してみましょう。あなたがつまらないと思っている仕事は、必ず誰かの役に立っています。誰かを喜ばせたり、助けたりするために行うのが仕事である以上、あなたの仕事もまた、その一部を担っているからです。

全ては自分の捉え方次第。「主体的になれるのは、企画系やクリエイティブ系など、創造性を発揮する仕事をしている人だけだろう」と言う人もいますが、それもまた間違いです。創造性が求められる仕事でも、人がうらやむような仕事をしていたとしても、自分がつまらないと思えばつまらなくなってしまうのです。

●主体性の第一歩は、目の前の仕事の「ときめき」を探すこと

「主体性を持つ」というのは、働くはるか前、幼少期の頃から始まっています。学生時代から「何をやるか」を選んできた先に進学先や就職先があり、その結果として今があるわけですから、人生をかけて一つ一つの選択と真摯に向き合っていれば、今の自分はやりたいことをやっているはず。厳しい言い方をすると、そうなっていないということは、これまでの人生の本気度が足りなかったともいえます。

ただ、残念ながら、日本社会は主体性を持たず、エスカレーターのように人生を進めることができてしまう面があります。言われた通りに受験して大学まで進学し、就職活動で初めて主体性が問われることに面食らう人は多いですよね。そういう意味では社会にも大きな問題があります。

そのような社会の中で個人が主体性を持つ最初の一歩は、第1章の習慣9で紹介したように、**自分がワクワクするものに着目することです。「自分がときめくことを選択しているか」を自分に問いかける。**社会人になったとき、今の会社に入ったとき、今の仕事を始めたとき。それぞれのタイミングで何にワクワクしたのか。そこをよく考えてみると、自分の心が躍るポイントが見えてくるのではないでしょうか。日々の仕事でも、やっていて楽しかったり、やりがいが持てそうだったり、少なくとも苦にならなかったりする業務に目を向けてみることが、小さくとも主体性を持つことにつながっていきます。

仕事をゲーム化するのも、気楽に取り組めるいい方法だと思います。「この仕事は何分で終わるか」など、自分の中で競争にしてしまう。「目標タイムを達成したらおやつを食べよう」といったご褒美を用意するのも、誰でも簡単にできることとしておすすめです。そのような工夫をしながら自分が楽しめる働き方を模索することは、主体的なアプローチでもあります。慣れてきたら、なぜその働き方が楽しいのかを考え、自分のワクワクするポイントを探してみてください。

中には「仕方なく今の会社に入った」「今の仕事がやりたいわけではなかった」という人もいると思いますが、今からでも主体的にキャリアを選んでいくことはできます。まずは目の前の仕事に向き合い、「自分が主体的に働けるのはどんな仕事だろう」と考えてみましょう。その上で転職なり独立なり、自分の意思で次の仕事や会社を選べばいいのです。

これを読んだことをきっかけに、日々の仕事への取り組み方を見直してみていただけたら嬉しいです。

ワンポイント

- **やらされ仕事をする人の幸福度は低い**
- **主体性があれば、どのような仕事であっても楽しめる**

習慣 02

コミュニケーションの課題を「自分の中」に探す

幸せに働く上で、とても大切なのが人間関係。そして、周囲の人と良好な関係性を築くには、コミュニケーションを通じて自分の意見をきちんと伝えることが重要です。

その際、自己主張が強すぎても、弱すぎてもよくありません。

自己主張が強すぎるとコミュニケーションは高圧的になりやすく、相手を萎縮させてしまいます。そうなると相手は発言がしにくくなり、自分の意見を言えないだけでなく、発言者の意見に対する質問もできませんし、問題点があっても指摘ができません。

反対に、自己主張が弱すぎると言いたいことが言えないモヤモヤを抱えることになります。ストレスが溜まりますし、「みんな全然わかってくれない」という不満にもつながりやすい。意見を言ってもらえないことは、周りの人にとってもマイナスです。

こうした自身のコミュニケーションのクセを自覚することが、良好な人間関係を築く第一歩。そこで意識していただきたいのが、コミュニケーションに何かしら課題を感じた場面で、その原因を自分の中に見出すことです。

「なぜ言いたいことを言わないんだ」「どうせ言ったって聞いてもらえない」など、コミュニケーションがうまくいかない原因を相手のせいにしてしまっている人は多いですが、大抵の場合、原因は自分の中にあります。「なんかうまくいかないな」というときこそ、自分のコミュニケーションを見つめ直しましょう。

●コミュニケーションには3つの種類がある

自己主張が強すぎる人、弱すぎる人は、専門的に言うと「アグレッシブ」と「ノンアサーティブ」というコミュニケーションをとっている状態です。

例えば、依頼した仕事を相手がやっていなかったとき、「どうしてやっていないんだ!」と攻撃的になるのはアグレッシブなコミュニケーションです。アグレッシブになるとアドレナリンが出てカッとなってしまい、強い物言いになりやすく、ハラスメントにつながることもあります。相手にストレスを与えるので、自分も相手も幸せではありません。後に紹介する習慣8を参考に、改善しましょう。

反対にノンアサーティブは、相手が依頼した仕事をやっていなかったときに、「どうしてやっていないのか気になるけど、指摘したら相手が気を悪くするかもしれないから黙っておこう」といった、受け身に徹したコミュニケーションです。言いたいことを我慢しているので、自分の中にはストレスが溜まります。相手や職場の課題は放置されてしまいますから、いわば仕事をしていない状態でもありますね。問題を放置することが別の問題に発展する可能性もあり、こちらも自分と相手の双方とも幸せではありません。

この二つの中間にあるのが、「アサーティブ」なコミュニケーション。怒るでも、我慢するでもなく、相手の主張を受け入れながら自分の意見を主張するコミュニケーション方法です。特に言いにくいことを伝えなければいけない場面で効力を発揮しますので、このテクニックを習得すると、会話はグッと楽になります。

先ほどの例で言えば、依頼した仕事を相手がやっていないことに対して、「失礼ですが、このタスクは今日まででした。何かご事情があったのだと思いますが、理由をお聴かせ願えませんか?」といった聞き方をする。相手への尊重と信頼がベースにあるから責めるような物言いにはなりませんし、言いにくいことを伝えても嫌な感じになりません。だいぶ会話の雰囲気は変わるはずです。

余談ですが、アメリカ人の教授はアサーティブなコミュニケーションが本当に上手です。私たちからの研究や教育についての依頼を断わる時も、「とても大切な仕事だけど、こういう理由でどうしてもできない。皆さんは優秀だから、私がいなくても成功すると確信しているよ」といった具合です。一見褒められたようで気分が良いけれど、よく考えたら断られている(笑)。

これはアメリカ人がもともと得意というわけではなく、アサーティブなコミュニケーションというものがあることを知り、訓練した結果なのだろうと思います。スキルとして習得できる便利な手法ですから、ぜひ鍛えていきましょう。

●アサーティブなコミュニケーションは解決法の一つ

アサーティブなコミュニケーションは、全ての人があらゆる会話に取り入れられます。

コミュニケーションがアグレッシブになりやすい人は、相手が上司だと思って会話をしてみましょう。部下に対して「やっておけよ」みたいな言い方をしてしまいがちな人も、相手が上司であれば伝え方は変わりますよね。例えば、何か勉強してほしいことがあった場合、「勉強しなさい」ではなく、「この本を読んだら仕事にとても役立ったので、部長にもぜひおすすめさせてください」といった丁重な言い方になると思います。

反対に若い人であれば、立場の違いから上司や先輩に意見が言えなかったり、仕事への自信のなさからお客さんへの対応で我慢を強いられてしまったりといった事態にもおちいりやすいでしょう。この場合も、やはりアサーティブなコミュニケーションによって解決できます。

クレーマーへの対応でも、「申し訳ありません。こちらが当社のポリシーですが、ご覧いただけましたでしょうか?」と言っても「読むわけがないだろう」と相手を逆撫でする可能性がありますが、「私たちはお客さまのためにこうしたいと思っていました。それが伝わらないやり方となってしまい、申し訳ありません」など、相手への尊重をベースにしていれば、アグレッシブでもノンアサーティブでもない方法で言いたいことは伝えられます。

怒ったらカッとなり、恐怖を感じたら黙ってしまうというのは、いわば人間の本能的な反射です。一方、アサーティブなコミュニケーションはテクニック。相手と自分の心を同時に慮る、両者を傷つけずに会話をする方法であり、他の二つと比べて複雑なコミュニケーションと言えます。成熟した大人が意識しなければできない手法ですが、個人がアサーティブなコミュニケーションを習得することは、あらゆる問題解決につながります。課題を解決するには冷静な話し合いが必要であり、そのために必要なスキルがアサーティブなコミュニケーションですから。

トラブルや争いの根本には何らかの問題がありますが、問題解決はそれだけで幸せにつながるでしょう。コミュニケーション手法であり、同時に課題解決法でもあるアサーティブなコミュニケーションを取り入れ、幸せに働くための土壌を自分の中に築いていきましょう。

ワンポイント

- **自身のコミュニケーションのクセを自覚することが、良好な人間関係を築く第一歩**
- **個人がアサーティブなコミュニケーションを習得することが、あらゆる問題解決につながる**

習慣 03

小学校の学級目標に立ち返る

第1章の習慣1で、あいさつをすることで幸福度が上がると紹介しました。同じことは当然、職場にも言えます。事実、幸せな職場は掃除やあいさつなど、小学校の学級目標に掲げられていたような基本中の基本を大切にしているところが多いです。

●同僚と一緒に元気にあいさつをし合ってみる

目を見て大きな声であいさつをすれば会話が生まれ、「今日も元気だね」、「ちょっと疲れてるんじゃない?」など、相手の変化に気付くことができます。「無理しないでね」、「何かあったら協力するよ」といった、ちょっとした気遣いにもつながります。コミュニケーションを円滑にする上で、あいさつは非常に効果的です。

「日本でいちばん大切にしたい会社大賞中小企業庁長官賞」、「ホワイト企業大賞」などを受賞し、働きがいがある職場として高い評価を受けている西精工もまた、みんなが清々しいあいさつをし合う会社です。

ただ、そういう職場になるまでには一定の時間がかかったと聞きました。二十数年前はあいさつがなく、そのことに課題を感じた現社長の西さんは、当時出社時間にタイムカードの横に立ち、「おはようございます！」と大きな声でみんなにあいさつをすることにしました。最初は小さくあいさつを返す程度だったところから、「この会社では誰もあいさつをしないからいいやと思っていた。でも、西さんが頑張っているからしっかりあいさつしよう」と言い出す社員が出てきて、少しずつあいさつの輪が広がっていったのだそうです。

個人が同じことをするのは現実的ではないかもしれませんが、隣の席や目の前の人など、同じチームの近い人から始めてみてはどうでしょう？　急にあいさつをするのが恥ずかしければ、仲が良い同僚と2人で始めてもいいと思います。1人だとめげそうになるけれど、相手がいればあいさつは成り立ちますから、複数人で始めれば続けやすいですよね。そうするうちに社内で評判になっていき、あいさつの習慣が広まるかもしれません。

「この本にあいさつをすると幸福度が高まるって書いてあったから、試してみない?」と、本書を最初のきっかけとして使ってみるのもいいでしょう。

●整理整頓ができていると幸福度は上がる

散らかっていない環境にいる人の方が幸福度は高い傾向があるというデータがあります。人間は誠実で真面目な行動をすると幸せになるようにできているのです。

幸せな会社は掃除を業者に任せず、自分たちで行うことが多いです。例えば、長野県の食品メーカー伊那食品工業は、東京ドーム2個分にも及ぶ広大な敷地を全員で掃除しています。自分たちで身の回りの環境を整え、居心地を良くしている。その結果、心も気持ちが良くなり、幸福度が上がるのでしょう。また、持ち場を決めずに各自が好きなところを掃除することで、そこにたまたま集まった人たちと交流が生まれ、他部署の仕事について理解を深めるきっかけにもなっているそうです。

個人でも、まずは自分のデスクやロッカー、その周辺から綺麗に整えてみましょう。仏教には「良いことは隠れてやりましょう」といった意味を持つ「陰徳を積む」という言葉があります。そんな意識を持って、自分の周りに落ちているゴミを拾うなど、周りの人にとって心地良い空間をつくる努力ができるといいですね。

かくいう私は、実は整理整頓が苦手です。言い訳としては、ゴミが落ちているわけではなく、自分にとってはどこに何があるかが分かっている状態であり、いわばクリエイティブな散らかり方。自分にとって快適な状態なので、必ずしもビシッと綺麗に整っている必要はないですよ……と言いたいところですが、**職場ですから、「周りの人に対して不快じゃないか」という視点は必要です。**「あの人のところだけ散らかっているな」なんて言われることもありますからね。

いっそのこと、「書類が山積みになっているの、気になりますか?」と、散らかり具合について尋ね、コミュニケーションのきっかけにしてしまいましょう。感じ方には個人差がありますから、そうした違いを知ることで人間関係が良くなる部分もありますし、同僚を理解することにもつながります。

散らかす人に対して、ちょっと甘いでしょうか? 「きちんとしましょう」と言い過ぎるのもしつけみたいで窮屈ですから、これはこれで良しとしましょう(笑)。

なお、周りへの配慮という意味では、身だしなみにも同じことが言えます。おしゃれな学生が「身だしなみは他の人のため」と言っていて、そういう考え方もあるのかと感心しました。彼女は周りの人に「爽やかな服装で、見ていて気分がいいな」と思ってもらうためにおしゃれをしているのだそうです。

まとめると、あいさつも掃除も、周りの人を思った利他の行動です。「あいさつは気持ちが良いから」というだけでなく、**あいさつによってコミュニケーションを円滑にする。**

身の回りを整えることで周りの人の居心地を良くする。そうやって「人のためにを職場で簡単にできるのが、あいさつや掃除だということです。

ワンポイント

- **あいさつと掃除は職場で簡単にできる利他の行動**
- **周りの人を配慮し、居心地の良い職場を作ることは個人でもできる**

習慣 04

同僚の趣味を掘り下げる

自分をさらけ出すと、周りの人との距離が縮まり、それによって自分の安心感が増し、結果として幸せな気分になります。自分の腹黒さを見せまいと頑なに心を閉ざす人もいますが、本当は鎧を脱いでパッと胸を開き、自分の白いところも黒いところも、丸っと見せてしまった方が幸せです。

先ほども出てきた徳島県の西精工では、自分の強み、会社での役割、信条、死ぬまでにやりたいことなどを、全社員がA４用紙に記載し、それを壁に張り出しています。仕事のみならずプライベートなことも含め、全社員約２５０人が可能な範囲で自己開示をしている。それぞれの内容を共有することで、一緒に働く人たちがどういう人なのか、理解が進むわけです。

これは職場の心理的安全性が担保されているからできることであり、それがない中で自己をオープンにするハードルは高いかもしれません。どこまでオープンにするかは場合によるものの、個人にも自己開示のスタンスは必要です。

まずは個人間の会話から自己開示を意識してみましょう。休憩時間の会話は、上司の愚痴やテレビの話題など、当たり障りのない話題が多いかもしれませんが、相互理解を深めることを意識した本質的な会話をしてみましょう。お互いをよく知ることで人間関係は良くなります。

●相手に対する理解を深める質問のコツ

会話の内容としておすすめなのは、会社や自分の未来など、大きな話をすることです。少しハードルは高いですけど、一番良いのは「人生で何をやりたいか」。いわば自分のパーパス(存在意義)ですね。

ただ、いきなりそんな質問をすると相手もびっくりしてしまいますので、最初は相手の好きなことを聞くくらいから始めましょう。その際、「趣味は何ですか?」、「野球です」で終わるのではなく、**なぜ野球が好きなのか、掘り下げていってください。好きなものを掘り下げていった先にあるものは、その人のパーパスと結びついていることも多いです。**しつこくしてしまわないように注意は必要ですが、そうやって相手の根本を探ることを意識した会話をしてみましょう。

あとは、自分と相手の価値観を比較するのもいいと思います。相手がショッピング好きな人であれば、「私は買い物が苦手なんだけど、どんなところが楽しいの?」、「私はショッピングのこういうところが好きなんだけど、あなたは?」など、自分の考え方と比べながら会話をすると、面接や尋問のようになりにくく、適度に自己開示をしながら相手の話を聞くことができます。

こういった会話が気恥ずかしかったり、重いと感じたりする人もいるでしょうが、やっていくうちに慣れます。例えばネッツトヨタ南国という高知県の会社では、「全社員が人生の勝利者になる」を経営理念に掲げ、「あなたの人生の目標は?」といった濃い会話をみんなが当たり前のようにしています。会社の風土によるところもありますが、まずは個人間で聞けるところから始めてみてください。上司の愚痴を言い合うのとは別物の面白さを感じられると思います。

そうやって**一緒に働く同僚が本質的には何をしたい人なのか、お互いの理解を深めていけば、自分が楽しく働けるだけでなく、チームの雰囲気も良くなります。**そういう意味では、これは個人からできる組織を幸せにする方法でもありますね。

また、自分が上司や先輩の立場であれば、過去の失敗談を話すのもおすすめです。リーダーが失敗談を共有することで、メンバーはリーダーを身近に感じることができ、結果としてチームのまとまりが良くなるでしょう。

●「好奇心を持って相手の話を聞く」ことは訓練で習得できる

ポイントは、自分を知ってもらおうという気持ちと、相手を知ろうとする気持ちの双方を持つことです。自己開示だけでは一方的に自分語りをするだけの人になってしまい、相手からするとうっとうしくなってしまいますから。

会話の割合としては、半分以上は聞き役に回るくらいでちょうどいいと思います。相手の話を聞いていれば、「あなたはどう?」と相手も聞いてきますから、自分からバンバン話すのではなく、自分が話したいことを相手に質問するといいでしょう。

話をうまく聞けない、上手な質問ができないという人は、相手に好奇心を持ちましょう。傾聴の根元にあるのは「何でそう思うのだろう」という相手に対する好奇心です。最初は好奇心をどのように持って、それをどう増幅させていくかわからないかもしれませんが、これは練習で習得できます。

起点となるのは、相手の話を面白がることです。長い話を「面倒くさいな」、「つまらないな」と思いながら聞くのと、「その出来事への思い入れがすばらしいな」と思いながら聞くのでは真反対。後者の姿勢で話を聞くからこそ、相手も話しながら気持ちが乗ってくるわけです。

つい「結論から言ってくれよ」と言いたくなる時は、相手がそういう話し方をしている背景を想像してみましょう。「これだけ長く話しているということは、言いたいことがたくさんあるんだな」と思えば、しっかり話を聞こうと向き合えるかもしれませんし、話が長いことをポジティブに変換すれば「熱心に話している」ともいえます。

たとえ嫌いな人であったとしても、「どうしてこの人はこんなに嫌なやつなんだろう」と心の中で思いながら話を聞くという好奇心の持ち方だってありますよね。怒りっぽい人や元気がない人と話していると、こちらもネガティブな感情が出てきてしまって話を聞きたくなくなってしまいがちですが、そこでも「なぜ機嫌が悪いんだろう」と相手に興味を持てばうまく話が聞けるわけです。

もちろん、嫌なやつ、機嫌の悪いやつと思わずにポジティブな好奇心を持てたなら、さらに良好なコミュニケーションになるでしょう。

全ては自分の受け止め方次第であり、たとえ相手への好奇心が1しかなくても、10あるつもりで話を聞くことはできます。最初はゲーム感覚で「好奇心を持つ」というスイッチを入れ、聞く態度を切り替えることで、自分を面白がらせることはできるのです。

ワンポイント

- **職場の風土の影響も大きいが、幸せに働くには個人にも自己開示のスタンスが必要である**
- **好奇心のスイッチを入れて相手の話を聞きながら、自己開示をしていこう**

習慣 05

自分が身を置く組織のタイプを理解する

数年前に『ティール組織――マネジメントの常識を覆す次世代型組織の出現』という本が話題になりました。成人発達理論に基づいた組織論として、メンバーの心の発達とともに組織も発達していくという考え方です。著者のフレデリック・ラルーは組織の進化を色で表現しています。

組織のスタンスを決めるのはマネジメントの役割であり、社員一人だけでどうこうできる話ではありませんが、組織の在り方を理解することで楽になる面はあるでしょう。特に若手の頃は、マネジメントが何を考えているのか、どういう仕組みで会社が動いているのか、なかなか理解できないことが多いもの。分からないゆえに苦しむ人も多いように思います。

●日本企業の４つの組織形態

まずはそれぞれの組織について簡単に説明しましょう。企業は大きくアンバー、オレンジ、グリーン、ティールの４つの組織に分類されます。

まずアンバー型は、簡単に言うと軍隊型組織です。上からの命令は絶対で、とにかく言われた通りに働くことが求められる組織であり、いわゆる従来型の体育会系組織もこれに該当します。みんなが上司を尊敬し、上司の命令に納得して行動する場合に大きな成果を上げられる可能性があるので、うまくいけば幸せです。ですから、アンバーが必ずしもダメなわけではないのですが、上意下達になりやすく、部下が嫌々働く状態におちいりがちです。

そこに合理性を取り入れたのが、オレンジ型です。アンバー型が軍隊のメタファーなのに対し、オレンジ型は機械のメタファーと言われています。組織の効率化と最適化を追求

日本企業の４つの組織形態

（進化）

ティール	個人が意思決定できるフラットな組織 ・組織と個人の目標や目的が一致していることが特徴 ・現場のメンバーが必要に応じて意思決定をおこなう
グリーン	メンバーが主体的に行動できる組織 ・ボトムアップ式で意思決定を行うことが特徴 ・メンバーの個性が認められているが、決定権はマネジメント側にある
オレンジ	目標達成を第一に考える合理的な組織 ・メンバーが成果を上げながら組織が柔軟に変化できることが特徴 ・組織の成果のために数値管理が徹底されている
アンバー	トップダウンの階層的構造を持つ組織 ・安定した組織運営ができることが特徴 ・メンバーの階級や制度によって秩序が保たれている

する合理的組織ですね。

アンバー型、オレンジ型を乗り越え、軍隊のようなやり方も、血も涙も無い合理的なやり方も経験した上で、それを超えた家族的な理解が大事だと腑に落ちた状態がグリーン型です。昔の合理主義はただ仕事を合理的に分配すればいいという発想でしたが、社員が幸せだと生産性や仕事の質が上がるとわかったことで、今は幸せを考慮することが合理的になりました。社員を愛し、信頼関係を大事にしようという考え方がベースにあり、ゆえに親が子どもを育てるように、部下を育てるという発想も含みます。

最後のティール型は、グリーン型の先にある組織の在り方です。家族会議のような話し合いをしなくても分かり合えている状態であり、お互いを完全に信じ合い、各々が自由かつありのままに過ごしているようでありながら、秩序は保たれている。自然の生態系に近いイメージです。

これらの組織論のベースとなっている成人発達理論では、人の心はアンバー、オレンジ、グリーン、ティールと段階を追って成長していくと考えられています。そして、それは組織も同じです。ただルールに従って動く未成熟なアンバー型から、合理的に考えることが求められるものの、まだルールが中心にあるオレンジ型、家族のような信頼関係を得たグリーン型、各々が成熟しているからこそ自由でありながら秩序が保たれているティール型へと発達していきます。

多くの会社では、アンバー型、オレンジ型、グリーン型を行ったり来たりしていると思います。決算期が近づくとアンバー型の色が濃くなったり、新規事業を考える際にティール型の色が強くなったりと、同じ会社でも時期や部署、役割によって組織の在り方が異なるというべきでしょう。

また、上司によっても組織の色は変化します。管理型の上司はアンバー型のような組織マネジメントをするかもしれませんし、放任型の上司が率いる組織はグリーン型の色が強くなるかもしれません。

そして、これらの組織の在り方には、個人の成熟も連動します。新人であれば、仕事を叩き込まれるアンバー型から始まり、仕事を覚えた頃に合理的な思考が求められるようになります。新卒入社し、ひと通り仕事を覚えた頃に「そのくらい自分で考えなさい」、「もっと自分で判断しなさい」と言われ、戸惑ったことはありませんか？　それはきっと、自分が成熟したことにより、マネジメントのスタイルがオレンジ型に切り替わったのだと思います。

オレンジ型に慣れたら、今度は「チームやお客さんの気持ちを考えよう」というグリーン型の壁があり、それができるようになった頃に「周りのメンバーに任せよう」という最後のティール型の壁がある。基本的に各階層には壁があり、「また違うやり方?」と戸惑いながら一つ一つ上の段階に進んでいくことになります。それは個人の成熟によって次の段階に進めたということでもあるのです。いわばアンバー型は守破離でいう「守(型を学ぶ)」の時期であり、オレンジ型やグリーン型で「破(型を破る)」に入り、ティール型で完全に「離(型を離れる)」になるイメージです。

幸せ経営という視点で見ると、グリーン型とティール型はウェルビーイング経営に、アンバー型とオレンジ型はそれほど幸せを考慮していない組織に対応する傾向があります。新人であろうとウェルビーイング経営は大事ですが、とはいえ最初は型を覚えるためにアンバー型のマネジメントにならざるを得ない部分もあります。まずは任された業務を行うことで仕事を覚え、その後に組織や顧客の気持ちを考慮する段階をへていくうちに、だんだんとやりがいを持って働けるようになっていくのです。

●組織の色を理解して仕事をする

各組織フェーズで部下に求められることをシンプルに捉えると、アンバー型は「仕事を覚えましょう」、オレンジ型は「合理的に考えましょう」、グリーン型は「みんなの気持ちや関係性を考慮しましょう」、ティール型は「信頼関係の元、自分らしい役割を全うしましょう」といったところでしょうか。

重要なのは、こういった組織の色と特徴を理解し、それを踏まえて仕事をすることです。

例えば、アンバー型の上司は、ただ体育会タイプだからというだけでなく、そうすることが合理的だと判断しているのかもしれません。1カ月後にどうしても達成しなければならない目標がある場合、一時的にアンバー型にならざるを得ないこともあります。部下の立場からすると、言いたいことを言えずに我慢を強いられるかもしれませんが、それが緊急事態ゆえのことであり、1カ月間だけのことだと理解していれば、一時的なものだと受け止めることもできます。その状況に対してどう振る舞うか、求められる役割は何なのか。考えた上で、いっそ兵隊を楽しむくらいの気持ちでいた方がいいかもしれません。

特に若手の頃は仕事を覚えることが最優先になりますから、「とにかくこれをやるんだ」というアプローチが必要な時期もあります。クリエイティビティを発揮するよりは、一旦型を覚える。そういう仕事を覚える時期にアンバー型は適している面もあるのです。

反対に「自由にやっていいぞ」という上司の下で放置されているように感じている人も、「この上司はティールを目指しているんだな」と理解できれば受け止め方が変わるでしょう。上司の意図がわかるだけで、楽になる人もいるように思います。

ただ、組織によってはずっとアンバー型のままだったり、オレンジ型で止まっていたりすることもあります。個人が幸せに働くには、グリーン型やティール型の組織に身を置くのが近道ではありますので、アンバー型やオレンジ型の組織にいる人は、自身の成熟度合いに応じて、グリーン型やティール型の組織への異動や転職を考えるのも一つの手でしょう。自身がマネジメントの立場にいるならば、グリーン型やティール型のチームを目指すのもいいですね。

ただし、組織形態は心の発達度合いに関連しますので、あまり進化した組織をめざすぎるより、幸せな職場をめざす方が近道かもしれません。

昔の日本企業は家族主義的経営であり、社員旅行や懇親会がありました。これはまさにグリーン型経営の要素を含んでいます。最近はアメリカの新自由主義型経営の影響や働き方改革の流れもあり、幸せを考慮しない合理性や生産性が過度に求められるようになった結果、古き良き日本のグリーン型経営から、オレンジ型経営に移行している面があるように思います。プライベート重視で会社のイベントを敬遠する人も増えていると聞きますが、人間味がありながら合理的な経営ができている会社の方が働いていて幸せではある。個人がそういう視点を持って身を置く場所を選ぶこともまた、幸せに働く方法の一つです。

ワンポイント

- 組織の色を理解すれば、自分がどう動くべきか見えてくる
- 自分の成熟度合いに応じて、身を置く組織を選ぶ

習慣06 チームメンバーのタイプを意識する

組織の色と合わせて、自分および同僚のソーシャルスタイルを理解すると働きやすくなります。第1章の習慣8で「自己理解を深めると人は幸せになる」と紹介しましたが、この場合は「職場での自己理解」ですね。

ソーシャルスタイルとは、アメリカの産業心理学者であるデビッド・メリル氏が提唱したコミュニケーション理論。人の言動を4つのスタイルに分け、それぞれの傾向や違いを知ることでより良いコミュニケーションを図ろうという考え方です。

人は自分を基準に物事を考えがちです。自分を中心に世界を見ると、自分が普通であり、違うタイプの人を「変な人」と思ってしまいやすい。フラットな視点で自分や同僚を見るためにソーシャルスタイルに当てはめてみると、客観的に自分の立ち位置が見えてくると思います。

●ソーシャルスタイルの4つのタイプ

ソーシャルスタイルは「感情表現を抑える／感情を表す」「意見を聞く／意見を主張する」という二つの軸で、アナリティカル（分析型）、ドライビング（実行型）、エクスプレッシブ（直感型）、エミアブル（温和型）の4つのタイプに分類するものです（左図）。

この4つのタイプのうち、どこに自分や同僚が当てはまるかを考えてみましょう。人間は人の悪いところは簡単にわかるけれど、自分のことはなかなかわかりません。だからこそ客観的な指標であるソーシャルスタイルに分類し、自分を省みる。その上で、それぞれのタイプには良いところも悪いところもあることを理解する。そうやってタイプ別の行動の傾向に応じてコミュニケーションを取ることは、人間関係を円滑にする手助けになります。こういったフレームを活用することで、それを元に楽しみながら周囲の人を知ること

ができるのです。

習慣4で触れた自己開示の際にも、ソーシャルタイプは便利です。「自分はこのタイプだと思うんだけど、どう思う?」、「○○さんはどれに当てはまると思いますか?」など、自分を開示したり、相手の理解を深めたりするきっかけのツールとしても使えます。

実際に、研修でそういう使い方を取り入れている会社もあります。Zoomの名前の後ろに自分のソーシャルタイプを記載し、「○○さんはアナリティカルと書いているけど、僕はドライビングだと思っていました」、「私はこういう意味ではアナリティカルだけど、この面ではドライビングだと思います」という会話をするだけで、お互いの理解を深めることができるのです。

●職場環境によって自分のタイプは変わる

ただし、ソーシャルタイプはあくまでも目安です。「自分はこのタイプである」と決めつけすぎず、「このチームではこのタイプの振る舞い方をしている」くらいに考えるのがちょうどいいかもしれません。

というのも、日本人は場所によって立ち振る舞いが変わる人が多い傾向にあります。個人主義的な人が多い欧米では「私は私である」という意識が強く、職場と家庭で大きく変わる人は少ないですが、日本人は比較的場に応じて自分を変える人が多い。欧米人から見ると不思議な民族であるようですね。

そういう意味では、職場や立場によって自身のソーシャルタイプが変わることもあるでしょう。感情や意見を表に出せるかどうかは、それができる環境の有無も大きいもの。「本当は意見を言えるタイプだけど、今の職場ではチームの雰囲気が怖くて言えない」、「会社の風土がビジネスライクで、感情を出す雰囲気ではない」といったケースも考えられます。

また、職場の雰囲気や特性を知る上でも、同じチームの人たちをソーシャルタイプに当てはめるのは有効です。「ほとんどの人がアナリティカルということは、意見を言える雰囲気作りが必要かも」、「ドライビングばかりだから、全体的に聞き役に回る意識が必要かも」など、何かしら気づきがあると思います。

ワンポイント

- フラットな視点で自分や同僚を理解するために、ソーシャルスタイルに当てはめる
- チームメンバーをソーシャルスタイルに分類することでチームの特性も見えてくる

習慣07 他部署の仕事のこだわりをヒアリングする

日本では、「うちの会社は良い会社なんです」と胸を張って言う人はあまりいませんが、自社に自信を持つことができたらハッピーに働けます。

長野県の食品メーカー、伊那食品工業の社員の皆さんは本当に生き生きしています。工場見学に行った時、「なぜそんなに生き生き働けているのですか?」と尋ねたら、「良いところに気づいてくださいましたね。それは自分たちの製品に自信があるからです」という返答とともに、「製品開発の人はこういうふうに商品を作っていて、製造部ではこういう点に気をつけていて、販売員はお客さまにこうやって商品をご紹介しているのです」と説明が続き、感心してしまいました。いち社員であっても、別の部署で働く人の仕事への想いやこだわりまで理解しているのです。

自社や製品に対して、そのように胸を張って説明することができるでしょうか。製品のアピールの仕方や提案方法は教わっていたとしても、製品を作る人の想いまで知っているでしょうか？　他部署がどのような気持ちで仕事に取り組んでいるか、理解しているでしょうか？

それらを知るために行動することは個人でもできますから、社会科見学のようなイメージで、ぜひ社内を回ってみましょう。他部署にいる知り合いや、チームメンバーの同期などをたどっていき、面白がりながら会社全体の理解を深められるといいですね。長く在籍するほど会社のことを知った気になってしまいがちですので、フレッシュさが残っている新入社員に戻ったような気持ちで取り組むのがおすすめです。

聞かれる側も、自分の仕事に興味を持ってもらえるのはうれしいもの。「どういうところにこだわって仕事をしているんですか？」、「どういうときにやりがいを感じますか？」といった質問をチームメンバーにするのは照れくさいかもしれませんが、他部署であれば、知らないことが多いからこそ自然に聞けると思います。

●商品のストーリーを理解すれば、自信を持って売れる

営業職が仕事を嫌になってしまう理由の一つは、売っている商品に自信を持てないことだと思います。「この製品で本当にお客さんは幸せになるのだろうか」と気乗りしないまま営業をするのはつらいじゃないですか。やる気が出なくて当然です。

そういう人こそ、商品に関わる社内の人たちに注目してみてください。「顔が見える人の想いが乗っかっている商品なのだ」と思えるだけで愛着がわくものですし、みんなが商品に誇りを持っていることがわかれば売る意欲も増すでしょう。

お客さんの方としても、ただ製品の素晴らしさをアピールされるのではなく、「当社のエンジニアがこういう想いを持って、この点にこだわって作っています」という、会社全体の良さがわかるような話が聞けるのは魅力的です。例えば、商品に携わる人たちを紹介するページを提案資料につけるだけで、グッとくる人は一定数いるでしょう。実際、私は

伊那食品工業の社員の方の話を聞いて、「それだけ自信を持っている商品なのか」と思い、応援したくなって、ついたくさん買ってしまいました。

人はストーリーに惹かれます。マーケティングでもストーリー性が大事だと言われますが、感動したり、共感したり、心が動く要素があれば、商品はより魅力的に映るもの。最近はスーパーマーケットで売られている農作物に生産者の名前や写真が載っていることがありますが、ただの人参と「○○さんが育てた人参」が並んでいたら、後者に惹かれる人は多いのではないかと思います。そこに「おいしい人参をお届けするために、愛情込めて育てました」なんてメッセージが添えてあったら尚更ですよね。ＢｔｏＣ、ＢｔｏＢに関係なく、製品を作っている人やそれを支える人がいる以上、商品にストーリー性を乗せることはどのようなビジネスでもできるはずです。

売る側としても、商品の背景にあるものを踏まえて売る方が楽しく、やりがいを感じられると思います。商品のアピールポイントは客観的なものですが、他部署の人を自分が紹介する際は主観が入ります。その分自分の気持ちが乗りますし、自分の言葉で伝えるからこそ説得力も生まれるでしょう。

会社の良いところを見つけるために主体的に動き、別部署の人に好奇心を持って話を聞き、それによって会社を好きになれば、自信を持って営業ができるようになります。結果として成績は伸び、お客さんもまた共感できるストーリーがある商品を買うことができるわけですから、お互いにハッピーになれる一石二鳥の方法です。

ワンポイント

- 商品に携わる人たちの想いやこだわり、ストーリを知ろう
- ストーリーがある商品は、買う方も売る方も楽しい

習慣 08

オンライン会議や鏡で自分の表情をチェックする

習慣2で、アグレッシブなコミュニケーションについて説明をしました。アグレッシブ（aggressive）は「攻撃的」を意味する言葉であり、アグレッシブなコミュニケーションもまた攻撃的で高圧的になりやすく、場合によってはハラスメントに発展しかねません。上司や先輩の立場にある人はポジション上、他の人からアグレッシブだととらえられやすいことを認識し、感情コントロールの術を覚えましょう。

なお、感情コントロールは部下や後輩の立場にある若手の人にも必要です。不機嫌を隠そうとせず、ブスッとした顔で仕事をしたり、上司に対して感じの悪い対応をしたりしたことはありませんか？　これまでは「ハラスメント＝上の立場の人間が行うもの」というイメージが強かったのですが、最近は部下から上司へのハラスメントも問題になりはじめています。すでに「フキハラ（不機嫌ハラスメント）」なんて言葉もあるようですね。

ただ、自分が周りの人にどのような態度をとっているか、自覚するのは難しいもの。そこで取り入れていただきたいのが、自分の表情チェックです。

具体的には、デスクに鏡を置いてみましょう。**ある会社の社長は、「デスクに置いていた鏡をふと見た瞬間、こんなに不機嫌そうな顔で仕事をしていたのかと驚いた」と言っていました。仕事中の自分の表情を確認することで、客観的に自分を見ることができ、自分の状態が確認できたわけですね。**

コロナ禍で広まったオンライン会議もまた、自分の表情を確認できるとても良いツールだと思います。従来は勤務中の自分の顔はトイレの鏡くらいでしか見る機会がなく、自分の表情がわかりませんでした。きっと無意識に不機嫌な顔をしてしまっていたこともあったでしょう。それに対し、カメラをオンにした状態でオンライン会議に参加すれば、自分の表情を客観的に見ることができます。オンライン会議中、ふと目に入った自分の顔を見て、「まずい、ニコニコしなきゃ」とハッとした経験がある人は少なくないのではないでしょうか。

●不機嫌になりそうだと自覚したら、6秒待つ

感情をコントロールする心理トレーニングとして、アンガーマネジメントがあります。その方法論についてては関連書籍をご覧いただくとして、幸福学の観点でいえば、怒りの感情への対処法として最も有効なのは、幸福度が高い状態でいることです。

要は、ご機嫌でいること。そうすればそもそもカッとなりにくく、「不機嫌になりそうだな」と自分を客観的に見る余裕も生まれます。自分の状態を俯瞰的に見ることを「メタ認知」と言いますが、メタ認知の力を鍛え、不機嫌になった自分に気づければ、テクニックで感情をご機嫌に戻すことも可能です。

例えば、**不機嫌になりそうだったり、カッとなったりしたら、6秒待つ。それができれば、**

「あ、今自分は怒っているな」と客観視する余裕が生まれ、「どうやったら怒らずに伝えられるか」といった対応を冷静に考えられます。先ほどご紹介した鏡やオンライン会議で自分の顔を見ることもまた、メタ認知を鍛える上で有効です。

これはやっていくうちに上手になります。かつての私は人並みにイラついたりムカッとしたりしていましたが、今ではカッとなっても0・1秒ぐらいで回復できますし、そもそも怒ったり不機嫌になったりする回数もずいぶん減りました。練習が必要だと思って、ぜひ意識してみてください。

なお、人よりも怒りっぽい人は、マインドフルネスや坐禅もおすすめです。どちらも「自分の心を今ここに置く」ことに主眼を置いたものであり、自分の心と向き合います。心が波立つから感情に振り回され、自分がわからない状態になってしまうのであり、心が静かなら、自分のことも客観的に見ることができます。

6秒待つのも、マインドフルネスや坐禅も、目的は心を静めることにあります。それによって「この態度は大人げない」「ここで怒鳴ったらまずいよな」などと考えられる。それさえできれば、適切な対処ができるはずです。

●ハラスメントへの意識と価値観のアップデートが求められている

カッと怒る。人に意地悪をしたり、不愉快な思いをさせたりする。こういった不快な行動に対する目は、これからどんどん厳しくなっていくと思います。

日本企業のハラスメントへの意識は高まりつつあり、大手企業では研修を行ったり、相談窓口を設けたりと、人事部が目を光らせています。一方、中小企業で社長がワンマンだったりする会社の場合、まだまだ前時代的なハラスメントが残っていることもあります。周りからの刺激を過度に受けやすいＨＳＰ（Highly Sensitive Person）の人にとっては、ちょっと無視したり、大きな声を出したり、皮肉を言ったりするだけでもハラスメントと受け取られかねません。アメリカだと逮捕されてもおかしくないようなことが日本企業にはまだ残っていると感じることは多々あり、残念ながら総じて日本社会のリテラシーはまだまだ低く、会社による格差が大きいと言わざるをえません。個人が感情をコントロールする重要性は、この先さらに増していくでしょう。

そして、ハラスメントの意識と同時に、価値観のアップデートが必要です。時代に応じて個人の考え方が変わり、従来であればプラスに受け止められていたことすら、不快に感じる人が出てきています。

例えば、アメリカではたとえ女性同士であったとしても、「いつも美しいですね」と職場で褒めたら注意されます。「仕事に見た目は関係ない。見た目ではなく、実力で判断するべきだ」という考え方が根底にあるからです。日本でも、「ルッキズム（外見至上主義）」への反省の流れが活発化しつつあり、外見を褒めるべきではないという考え方が一般化されつつあります。

幸せ研究の観点から言うと、誰かの心がストレスを受けるようなことは全てマイナスです。自分を含めた職場のみんなが気持ちよく働くためにも、感情をコントロールするテクニックを身につけながら、多様性をみとめる平等な価値観への世の中の変化を理解し、自身の価値観をアップデートしていく必要があるといえるでしょう。

ワンポイント

- 最も有効な怒りの感情への対処法はご機嫌でいること
- 感情をコントロールするテクニックを身につけ、世の中の変化にあわせて価値観をアップデートする

習慣 09

「成長」と「貢献」を意識した目標を自分で決める

会社から与えられた目標とは別に、自分で決めた目標を持ちましょう。多くの会社では、目標は与えられるものですが、幸せな会社に注目してみると、「目標は自分で決めよう」というスタンスであることが多い。習慣1で主体性の重要性を指摘しましたが、目標もまた自分で決めることが幸福度を高める上で重要です。自分で決めるからこそ責任感も生まれますから、達成に向けて主体的に考え、努力もできる。結果、成果にもつながりやすいのです。会社から与えられたり、義務的に考えさせられたりした目標であっても、「この力を伸ばそう」、「こういうスタンスでお客さんと接しよう」など、自分で決められる範囲の目標を自分で設定できるといいですね。

その際に意識していただきたいのが、「自己成長」と「他者貢献」の二つです。

パーソル総合研究所と共同で行った「はたらく人の幸福学プロジェクト」で、**仕事の何が幸せに影響するかを調査した結果、幸せとの相関が最も高いのは「自己成長」と「他者貢献」の二つであることがわかっています。**これはいわば、幸せに働くための究極の要素です。

●幸せになるための成長と貢献

ここでいう自己成長とは、「スキルの成長」と「人間としての成長」を指します。年収が上がる、出世するといったことではありません。

スキルの成長はわかりやすいですね。今の仕事で専門性を高めたり、新しいスキルやテクニックを身に付けたりといったことによる成長です。もう一つの人間としての成長は、習慣5で説明した成人発達理論と一緒です。怒鳴ってばかりいるアンバーから、合理的に考えるオレンジ、信頼関係を重視するグリーンと、人としてだんだんと成熟していく成長を指します。

これらの成長を実感するきっかけは、「職場からの評価」と「自分の成長実感」の二つがあり、バランスが大切です。「評価されるためにやる」が強すぎるのは主体的な状態とは言えませんので、「成長したい」という自分の欲求に基づいて努力した結果、自分が成長を実感できて、かつ周りからも評価されているのが理想です。

幸せな会社を見ていると、「こういう人になりたい」という意思を持ち、「そのためにもっと技術を身に付けて、人間的にも大きくなりたい」と口にしている人が年次問わずたくさんいます。それに対して、「頑張っているね」、「できるようになったな」という上からの評価はきちんとあるものの、本人は評価のためにやっているのではなく、自分の成長のために主体的に努力をしているから、褒め言葉の受け止め方はどこかフラットであり、周囲の評価に左右されていないように見えます。「評価のためにやっているわけではないけど、評価もされている」状態が良いバランスなのでしょうね。

もう一つの幸せに働くための究極の要素である他者貢献は、接客業などお客さんと直接接する仕事であれば実感を得やすいでしょう。「目の前の人に喜んでもらいたい」というのがモチベーションにもなります。もともとの資質として貢献意欲が高いタイプだから、それを実感できる仕事として人と接する職種を選んでいる人も多いでしょうね。

片や開発や製造、バックオフィスなど、お客さんと直接接しない職種の人は、貢献感を持ちにくい面があります。また、大企業になればなるほど、自分の仕事が会社や世の中にどう貢献しているのか、わかりにくくなってしまう傾向にあります。

ただ、幸せな会社では、職種や企業規模を問わず、「もっとお客さんに喜んでもらいたい」といったことを、いち社員が本気で言うのです。心からそう思える理由は、この本でお伝えしてきた幸せに働くための要素を兼ね備えているからだと思います。主体性を持って仕事を選び、自己開示をすると同時に同僚を理解し、自社への誇りも持っている。幸せの条件を総合的に満たしていることが大きいのだと思います。

●ネガティブ要因がなくなると「成長と貢献」の意欲は高まる

「幸せに最も寄与するのは成長と貢献」と聞いて、「そんなのは綺麗事だ」と思った人もいるかもしれません。成長のための努力を面倒に感じたり、自分の売り上げを追うのに精一杯で、周りの人に貢献する余裕が持てなかったりする人もいるでしょう。

実は、成長と貢献が幸せとの相関が最も高いという実態と、個人の感じ方にはギャップがあります。どういうことかと言うと、**ビジネスパーソンに仕事の何が幸せに影響するかを聞いた結果、トップ3は「ハラスメントがないこと」「リフレッシュ不足でないこと」「ストレスがないこと」だったのです。要するに「職場環境にマイナス要素がないことが幸せだ」と思っている人が多い。**

もちろん職場環境は大事です。ただ、これらの回答をした人は、「今の職場にあるマイナス要素に目が向いている」状態なのだと思います。というのも、会社にネガティブ要因がなくなり、ピュアに「みんなで良い会社を目指す」状態になると、成長と貢献への意識が自然と強まるということを、私は研究の結果、知っています。会社員に「いつが幸せですか?」と聞くと、「金曜日の午後」、「休みの日」といった回答をする人が多いですが、幸せな会社の社員は「成長して人の役に立てた時」と口をそろえて言います。

つまり、お客さんや会社に対して真に貢献したい、成長したいと思うためには、これまで紹介してきた習慣をクリアする必要があるのです。習慣9を本当の意味で実践するのはかなり難易度が高く、そういう意味で「9番目の習慣」なわけですね。

最近は「笑顔で姿勢を良くして大きな声であいさつすれば幸せだなんて、そんな簡単なものじゃないだろう」といった、安易な幸せブームへの批判もあります。その指摘はおっしゃる通りです。笑顔で姿勢を良くして大きな声であいさつをすることが幸せになる要素の一つではあるものの、本質的な意味で幸せに働くためには、やはり仕事へのやりがいが不可欠です。

世の中の役に立つのは幸せなことであり、せっかく働くならそういう仕事がしたい。それは多くの人が望むことだけど、それを真に実感するのはそう簡単ではないかもしれません。しかし、すべての仕事は社会の誰かの役に立っています。視野を広くして考えてみると、自分の仕事は社会に貢献していることを実感できるはずです。ぜひ、楽しみながら成長と貢献をめざしてください。

ワンポイント

- **成長と貢献は、幸せに働くための究極の要素**
- **ただし、成長と貢献の意欲を持って仕事をするには、そこに至るための努力が必要である**

習慣10 愛を持って、お互いを信じて尊重し合う

疑ったり、怒ったり、落ち込んだりせずに、相手を信じる。そうやって周りの人たちを信頼し、尊重し合うのは究極の在り方です。言葉にするとシンプルですが、非常に難しいことでもあります。

その根幹にあるのは、一言で言うと「愛」です。ざっくりと言えば、自分を愛し、職場のみんなを愛していれば、人間関係も仕事もうまくいきます。

愛にあふれた世界が良さそうだというのは、子どもにだってわかるでしょう。ただ、理想的にはそうだとわかっていても、現実社会ではなかなかその境地に到達はできません。「愛を持ってみんなを信じて尊重し合う職場なんてイメージできない」という人もいるで

しょうし、そういう職場に対する「宗教っぽさを感じる」、「綺麗事では?」といった批判の声も耳にします。

そんなことはありません。**幸せな会社はルールで縛るのではなく、それぞれの個性を尊重し、生かすことを考えている組織です。**それに、「愛を持ってお互いを信じて尊重し合う」という状態は、家族であればあり得ると想像できると思います。それが拡大されたものと考えれば、綺麗事ではなく、実現可能なものだとイメージできるのではないでしょうか。

そのような組織は、必ずしも家族的でウェットとは限りません。幸せな外資系企業はもう少しビジネスライクでドライな社風であることが多いですが、仕事仲間として愛を持って尊重し合っていますよね。

同僚のことを「仕事仲間」「戦友」なんて表現をすることがありますが、職場において「愛を持ってみんなを信じて尊重し合う」というのは、まさに友情に近いイメージかもしれません。あくまで職場ですから、家族や友達との関係性とは違うけれど、ビジネスのつながりの中で信頼関係によって結ばれ、愛を持って楽しくみんなで働くことはできるはずです。

その基盤となるのが、これまで紹介してきた習慣です。一緒に働く上司や同僚、後輩、お客さんなど、関わる人たちを愛することを心がけていきましょう。

ワンポイント

- **自分を愛し、職場のみんなを愛していれば、人間関係も仕事もうまくいく**
- **それは決して綺麗事ではない**

第3章

幸せに働くために
チームができる
10の習慣

習慣 01

チームで理念や目標を意識する時間を設ける

視野が広い人は幸せだという研究結果があります。第2章の習慣1で石切職人の例を紹介しましたが、「切った石が教会となり、人々の幸せに寄与する」という大きな視野を持てる人は幸せに働けるのです。

会社にとって、みんなが大きな視野で一丸となれるものは理念です。事実、理念が浸透している会社の幸福度は高い傾向にあります。最近はパーパス経営が注目され、ミッションやビジョン、バリューなどを重視する企業も増えていますが、これらを現場にきちんと浸透させることが重要です。

これまで何度か紹介してきた、西精工という幸福度の高い会社では、毎朝チームごとに

1時間の朝礼を行い、そのほとんどを理念の共有に当てています。同社には創業の精神や経営理念、行動指針など、さまざまな項目があり、覚えるのも大変だなと思うくらいですが、「今日はこの理念について考えよう」と毎朝その中からフォーカスする部分をピックアップし、チームのみんなでその理念が持つ意味や目的を考え、各自が同僚やお客さんのためにできることを話し合っています。広い視野を持つための努力をチーム一丸となって、毎日1時間、労働時間8時間のうち、実に10％以上をかけて行っているのです。同時に、朝会ではそれぞれが「今日何をするか」をシェアしており、それによりみんなが何のために動いているかを理解でき、気持ちよく仕事ができるのだそうです。

コロナ禍では朝会が思うようにできない期間が2年ほどあり、それによって従来の朝会の効果を改めて実感したと西精工の社員の方から聞きました。コロナ禍の2年間で「なぜこの仕事をしているのか」という目的を見失いそうになる瞬間が時折あり、チーム内で齟齬が生じたり一体感が薄まったりといったネガティブな影響が生じてしまった。それによって朝会の必要性を再認識したというわけです。

●一生懸命な現場社員ほど、理念を見失いやすい

チームの目標や動きを共有しているチームは多いと思いますが、会社の理念や方向性にまで意識が及んでいないことがほとんどです。ロボットではないのですから、「何をやるか」ばかりシェアしても、「なぜやるか」が腑に落ちなければやる気はなかなか起きません。「チームの目標達成のために」だけでなく、「それによってお客さんが幸せになる」、「世の中に役立つ」というところまで理解するからこそ、仕事の意義が見出せるのです。

『なぜやるか』は周知のことであり、わざわざ共有する必要はない」と考える経営層や管理職もいますが、それは自分たちが経営会議などを通じて、会社全体の話をする機会が多いからです。一般社員は会社全体の話に触れる機会が限定されていることがほとんど。目の前の仕事に一生懸命な人ほど近視眼的になりやすく、「なぜやるか」を見失ったまま、結果的にやらされ仕事になってしまうことは非常に多いのです。

放っておくと、現場のメンバーは目の前の仕事に集中するあまり、大きな目的を忘れやすい。理念への意識は経営に近いポジションの人ほど高まり、末端の現場社員にいくほど薄まるという事実を、リーダーの立場にある人はしっかり認識すべきでしょう。

●コミュニケーションに時間をかければ、結果的に生産性は上がる

最近は朝礼をしない会社も増えているように思います。生産性や効率を重視するあまり、チームのメンバー同士が触れ合う機会を削る傾向にある会社が少なくありませんが、それは間違いです。**幸せな人はそうでない人と比較し、生産性が3割ほど高いという研究結果からわかる通り、コミュニケーションに時間をとってメンバーの幸福度を上げた方が、結果的に効率は良いのです。**

近視眼的に見れば1時間の朝礼をやめて仕事を進めた方がプラスに思えますが、大きな目的を理解しないまま仕事を進めることで誤った方向に進んでしまうことも起きやすく、後戻りするコストが大きくなってしまう。そういう意味でも、最初にしっかりと目的と方

向性を共有し、その後も話し合いながら仕事を進めた方が生産性は高いというわけです。

業務外の会話が減ることで、情熱的な話や、青臭い話をしにくくなるというデメリットもあります。メンバーが大きな目的に立ち返ろうと思っても、「そんな根本の話をしていたら仕事が進まないから、まずは目の前のやるべきことやろう」と言われてしまうことにもなりかねません。それでは不幸な働き方を目指しているようなものです。

働き方改革で業務効率を上げ、早く帰ること自体は良いのですが、コミュニケーションを減らすのはむしろ逆効果。広い視野を持って仕事ができる状態をつくるためにも、チームで「会社」という共通の視点に立つためにも、理念に立ち返る機会を持ちましょう。

ワンポイント

- **会社の理念は広い視野を持つことにつながる。それを意識するには努力が必要**
- **コミュニケーションに時間をかけてチームの幸福度を上げれば、結果的に生産性も上がる**

習慣 02

「部下からの報連相、本当に必要？」を自身に問い正す

岐阜県の電設資材・管工機材メーカー、未来工業では、報連相をやめて権限委譲をすることを決断しました。要するに、上司が逐一チェックするのではなく、メンバーを信じて任せたわけです。その結果、メンバーのやる気は増し、業績は上がったのだそうです。

報連相は良いことだと思われていますが、**報連相を強いるコミュニケーションは命令型の上意下達になりやすく、やらされ仕事におちいりやすいマイナス面があります。**報連相を正しくやる分には何の問題もありませんが、一歩間違えるとやる気を損なう恐れがあるのです。

逆に、**過度な報連相をやめ、裁量を与え相手の判断に任せることは、相手を信頼してい**

るという姿勢を示すことになります。その分、本人には緊張感と責任感が生じ、やる気も出るわけですね。

●任せられないのは、相手を信じていないから

社員に報連相を強いたり、ルールやマニュアルで縛ったりすることは、社員の視野を狭くさせます。

安全管理を例にとってみましょう。厳密なチェックリストを作り、「必ずこれに従うこと」と指示をすると、人はいつしか「チェックリストに従うこと」が目的になり、本来の安全管理という目的を忘れます。「黄色の線から出てはいけない」、「この機械に指を突っ込んではいけない」などのルール化もまた、「それさえ守っていれば大丈夫だろう」という思考停止につながりやすい。より効果的に安全管理をする工夫をするといった発想にもなりにくくなってしまい、**結果的にルールやマニュアルなしでは安全管理ができない会社になってしまう危険性があるのです。**日本企業は、こういう状況におちいっていることが多

いように思います。

また、報連相を過度に推進することは、上司の視野を狭めることにもつながります。部下の管理をすることに集中するあまり、大きな視点で物事を考えにくくなってしまうからです。

ただ、報連相をやめる効果について理屈で理解できても、上司の立場からすると、なかなか勇気が必要な決断だとは思います。任せて大失敗した場合の責任は上司である自分に戻ってくるのですから、信じて任せるのは怖いこと。裏を返せば、報連相の徹底や、ルール、マニュアルを整備し順守させることは、メンバーを信じていない証拠かもしれません。「報連相をしなさい」、「ルールやマニュアルを守りなさい」という指示が本当に必要なものなのか、それともどこかで相手を信用しきれていないのか、自分の心を見つめ直してみましょう。

「任せる」と一言で言っても、そうするまでには相手を信じるための長くて深い道のりが必要です。いきなり全ての権限を委譲することはできなくても、少しずつ任せていくことはできるはず。少し背伸びするくらいの難易度の仕事を任せる、失敗の影響がお客さんに及ばない範囲で裁量を与えるなど、失敗する前提に立って工夫し、部下を育てていきましょう。

失敗は「Good job!」である

少し話が脱線しますが、失敗への考え方を変えるには、日本とアメリカの子育ての違いを見るのがわかりやすいかもしれません。

3歳の子どもが転んだら、日本だと「大丈夫?」と心配したり、「だから気をつけなさいって言ったでしょう」と注意したりすることが多いですが、私が遭遇したアメリカの親は「Good job!」と言っていました。**アメリカでは自律して生きていける子に育てようという意識が強く、転ぶことが本人の糧になり、成長につながるという考え方がある。**だから「Good job!」なんですね。

会社もこれと一緒だと思います。経営や社員の安全に関わる危険は避けるべきですが、**ちょっとした失敗であれば、それはそれでグッジョブという発想をどこかに持った方が社員の成長につながります。何よりも失敗をしないことを目指して完璧主義になり、過度にルールを作って効率を下げるよりも、成長のためと割り切って多少の失敗を許容した方が、結果的に効率は良いのです。**人間は成長することで幸せになりますから、失敗を重ねることで社員が成長すれば幸福度も高まり、生産性も上がります。

また、失敗は会社にとっても、経験を重ねることになるという重要な効果があります。

理想論として理解はできるけど、目の前の業務が忙しくて実行するのは現実的ではないという意見もあると思いますが、長期的な視点を持ちましょう。目先の利益を考えれば「言われた通りにやってもらった方が楽」という発想になりがちですが、長期的な視点で考えれば、社員に権限を与え、考える力をつけさせ、失敗も経験させながら人間的にも能力的にも成長してもらい、仕事をどんどん任せられる状態を目指す方が経営上のメリットは大きいはずです。メンバーが成長すれば幸福度は上がり、より良い仕事をしてもらうことでチームの成果も上がる。上司は仕事を任せた分、もっと大きなことを考えられるようになり、より本質的なところに目を向けられます。いいことずくめですよね。

視野を広げれば大抵のことは解決しますが、日本の会社は視野が狭くなりやすい仕組みになっている。これは現代日本の病とでも言うべき状況です。だからこそ視野を広く持つことを意識しましょう。

ワンポイント

- **報連相を強いたりルールやマニュアルで縛ったりすることは、上司と部下の視野を狭くさせる**
- **長期的な視点を持って、失敗も加味して少しずつ権限を委譲しよう**

習慣 03

「管理しないと不安」な気持ちに目を向ける

管理職は「どれだけ仕事が進んだか」という視点で人の管理をすることが基本的な役目というイメージが強いですが、「どれだけ部下は生き生き働いているか」という視点を取り入れてみましょう。

やりがいを持って仕事ができると、人は幸せです。幸せな人は生産性が高く、創造性を持って仕事ができますから、一人一人がハッピーであれば自ずと事業は上向きになります。

そう考えれば、**管理職の役割は「一人一人がやりがいを持って、みんなが幸せに働ける環境をつくること」ではないでしょうか。**

部下の仕事の仕方や売上、成果物などを管理することをやめ、自身はみんながより充実して働けるような仕組みを考えたり、煩雑な業務を整理するなどメンバーが仕事に集中できるようにボトルネックを解消したりと、大きな視点でチームを捉え、より良い環境をつくるための動きをする。同じ管理でも、部下の動向をチェックして口出しをする管理ではなく、部下を見守り、職場や仕事への満足度を管理するイメージを持ちましょう。

●部下を信じる前に、まずは自分を信じる

ネッツトヨタ南国の前社長、現相談役の横田英毅さんは、「自分が社長だった時に人の管理をするのをやめた」と言っていました。経営者として本来やるべきことに集中するため、ほとんどの権限を部下に委譲し、なるべく自身の気配を消すことを意識したのだそうです。「戦略的存在感のなさ」と横田さんの部下が命名していました。「あれ？　社長いたんだ」と言われるような会社を横田さんは本気で目指したのです。そうやって**全部任せる経営に切り替えた結果、社員はやりがいを感じ、生き生きと働くことができるようになり、お客さまの満足度が高まって利益も上がったのだそうです。**

これはティール組織の極地であり、「上の立場の人が偉い」という感覚を排除し尽くした、本当にフラットな会社の在り方と言えるでしょう。理想であり、究極のかたちだと思います。

管理を手放す第一歩は、信じる練習をすることです。ポイントは、まず自分を信じること。「この人に任せて大丈夫だ」「何かあっても責任は取れるはずだ」といった自分の判断や能力への自信がないから、任せるのが怖いわけです。さらに部下も信じていないから、二重の恐怖があるのですね。

習慣2にも関連しますが、「なぜ自分は部下を管理しなければ不安なのか」に向き合うことは、自分の嫌な面を見つめることにもつながるだろうと思います。相手を信じていない自分に直面する他、同期に負けたくない、年収を上げたい、社会的に評価されたいなど、自分にベクトルが向いた、目先のことを考えている自分に気付くケースも少なくないでしょう。

もちろん「部門の売上を伸ばしたい」といったポジティブな理由から部下を管理したいと考える人もいるでしょう。ただ、理念を踏まえて考えた時に、売上を伸ばすことは果たして最終目的になるのでしょうか？　長期的な視点に立てば、いつまでも部下を管理しなければ成立しない状態は課題があるというべきでしょう。

管理を手放す不安に目を向けるのはしんどいこと。でも、そこに向き合った先に、自分を信じるためのヒントがあるはずです。

●「いつ会社を辞めても大丈夫」と思えることが視野を広げる

もう一つのポイントは、「いつ会社を辞めても大丈夫」という開き直りです。決してやけっぱちになれと言っているわけではなく、視野を広く持つためにこういう考え方ができるといいという話です。つまり、いつ会社をやめても他の職場や他の仕事で食べていける、という自信が大切だということです。

というのも、働く目的が「会社に残る」になってしまうと、本質的な目的を見失いやすくなるからです。どうしても保身のための仕事をしてしまいやすく、自分が会社で生き残ることを優先するあまり、「マニュアルに従ってもらえば安心だ」といった保守的な発想にもなりがちです。マニュアルが必ずしもダメなわけではないですが、習慣2でお話しした通りデメリットはありますし、手間がかかるやり方でもあります。そして、こうして視野が狭くなることは、「目の前の人や仕事を管理しなければ」という考え方を加速させることにもなるのです。

「出世したい」という気持ちもまた、同様の事態におちいりやすく、注意が必要です。「出世したい」が起点となると、自分の出世のために業績を上げるという発想になり、周りの人をコマのように考えてしまいやすい。同時に、「必死に働いて成果を出せば出世できるだろう」と考えることは、自分を会社のコマとして扱うことでもあります。結果、自分を苦しめることにつながりやすいのではないでしょうか。

自分が幸せになるためにも、まずは自分が幸せに働こうという意思を持ち、みんなにも幸せに働いてほしいと思い、マネジメントをする。その結果、チームがうまくいって業績が伸び、自身が出世する。そういう順番を目指しましょう。

日本経済新聞の「私の履歴書」の欄《らん》には成功した経営者らの自伝が載っていますが、よくあるのは、**若いころ、首になるのを覚悟して上司に言うべきことを言ったら、結局出世した、という話。人は、出世を手放すと出世し、私利私欲を手放すと幸せになるのです。**

ワンポイント

・管理職の役割は、部下の仕事の管理ではなく、部下の満足度の管理である
・「会社に残る」、「出世したい」という想いを手放すことが、視野を広げ、管理を手放すことにつながる

習慣 04

正しい1on1ミーティングを行う

部下の成長を支援するために1on1ミーティングを取り入れているチームは多いと思います。幸せに働くという観点から見ても、1on1ミーティングでコミュニケーションの機会を作り、上司が部下の不安や悩みを聞くことができるのはとても良いことです。不安や悩みを解消できれば部下はより良く働け、チーム全体の雰囲気も良くなっていくでしょう。

深いところまで本音で話し合えると、組織は良い方向に進みます。その手段の一つとして非常に有効なのが1on1ミーティングですが、残念ながら上手にできている会社は少ないように思います。

●「傾聴」にはテクニックがいる

1on1ミーティングの基本は傾聴です。上司は意見を言わず、相手の話を聞くことに徹する。それによって心理的安全性を確保し、困りごとを相談できる状態をつくることが目的です。

ところが1on1ミーティングについて説明された本の中には、「話すことがなくなったら、業務連絡や雑談をしてもいい」と書かれていることがあります。それでは日常的に行われている仕事の話になってしまう。本来の、傾聴に徹する1on1ミーティングは、「本当はどのような仕事をしたいのか」、「今の仕事にやりがいを感じられているか」、「どのような困り事や悩みを抱えているのか」といった本音を引き出し本質的な会話をする場です。目の前の仕事の話をしていては目的を果たせません。

1on1ミーティングの基本となる傾聴にはテクニックが必要です。話を聞くのは一見簡単なことに思えますが、本当はカウンセリングやコーチングを学び、ポイントを理解しなければ、本当の意味での傾聴はなかなかできません。それゆえに、やり方を知らないまま1on1ミーティングを行ってしまうと、「あの仕事どうなっている?」といった業務の話になりがちなのです。上司と部下ですから、放っておくとそんな会話になってしまうのです。

1on1ミーティングは、普段のコミュニケーションと意識的に切り分ける必要があります。「あの仕事はどうなっているのだろう」と思ったとしても、それは一旦脇に置いておく。進捗を確認したり、「なぜやっていないんだ」と問い詰めたりしても、根本的な解決にはつながりませんし、それどころか本人を追い詰め、上司への不満や不信感を募らせることになりかねません。

反対に、**話を聞くことに徹し、うまく相手の悩みを引き出せれば、本質的な原因が見えてきます。**「実は今の仕事をこのまま続けた方がいいのか悩んでいる」、「家族の体調が悪く、仕事に集中できない」など、仕事が遅れている本当の理由がわかれば、対策が打てますよね。

●最大のコツは、相手を好きになること

そもそも30分から1時間程度の1on1ミーティングで話すことがなくなるなんてあり得ません。良い問いができれば、話すことはいくらでもあります。つまり、1on1ミーティングで話すことがなくなるというのは、問いが悪いのです。「最近どう?」と聞いたって、「ぼちぼちです」で終わりですから。

1on1は相手の困っていることを聞き、その本質的な意味を掘り下げ、本人の中から解決策が出てくるように聞き続けるのが基本です。なんとなくやる気がないこのような具合です。

上司「今の気持ちはどう?」
部下「元気です」
上司「元気なんだね」

部下「いや、実はちょっと悩んでいます」
上司「さしつかえなければ、詳しく教えてもらえる?」
部下「最近スランプなんです」
上司「スランプなんだね。なぜスランプになったの?」
部下「……実は同期からこんなことを言われて。自信がなくなってしまって……」

1on1ミーティングが尋問のようになってしまう人は、相手への愛が足りないのだと思います。第2章の習慣4でも「上手な質問のコツは相手への好奇心」と説明をしましたが、1on1ミーティングの最大のコツもまた、相手を好きになることです。「頑張っているね」と声を掛けたり、元気がない時に「どうしたの?」と心配したりといったことは、友達や家族、恋人など、大切な人たちに対して自然とやっているのではないでしょうか。つまり部下を好きになれれば興味がわき、親身になれるということです。

相手を好きになれれば、普段から相手をよく見ることにもつながり、1on1ミーティング以外の場面でも変化に気づきやすくなります。「最近調子はどう?」といった声がけがあるだけで、「気にかけてくれているのだな」と相手は思うもの。1on1ミーティングの場での自己開示もしやすくなります。

反対に、「こいつはまたサボっているな」、「どうもやる気が見えないな」など、自分が相手を否定的に見ていることは、相手にも伝わります。そのような状態で「実は最近スランプなんです」など、言いにくいことを話せるわけがありません。

また、1on1ミーティングの空気作りも重要です。上司に対して、悩みや困り事、不安といったネガティブなことは言いにくいもの。いきなり「困ったことはある?」と聞いても、相手は警戒するだけでしょう。**上司は人事権を持っていますから、関係性は明らかに非対称です。フラットどころか、へりくだるぐらいでようやく相手が本音を言えるくらいに考えましょう。**そして、オープンに話していいことを示すために、まずは上司が心を開く姿勢を持つこと。要は自己開示をすることです。ちょっとした失敗談など、相手が親しみを持てるような話ができると安心感につながると思います。

1on1ミーティングを行う場所にも工夫の余地があります。第1章の習慣2で「緑があると幸福度が増す」と紹介しましたが、公園や観葉植物があるスペースなど、リラックスした環境を選ぶのもいいですね。情報管理の観点から密室で行うことが多いですが、その点がクリアできるのであれば、オープンスペースや会社の人がいないカフェなど、周りに人がいる環境の方が話しやすいケースもあると思います。

どうしても相手を圧迫してしまったり、尋問のようになってしまったりする場合は、隣のチームなど、斜めの立場の人が部下の1on1ミーティングを行うのも一つの手です。直属の上司ではない相手だから話せることもありますので、そこで見えてきた課題をクリアしながら、その部下との信頼関係を築いていきましょう。

1on1にこだわらず、複数人で行うのもいいと思います。私自身実感しているのですが、学生1人と相対するより、複数人を相手にする方が「こういう言い方をすると、こっちの学生がこう感じるかもしれない」といったように、客観性を持ちやすい感覚があります。そういう意味で、上司1人と部下複数人であればハラスメントのリスクを回避する効果があるでしょう。また、上司も部下もいろいろな人の話を聴けるので多角的に役に立つミーティングになると思います。1on1ミーティングは欧米から来た文化ですから、日本人には複数名の方が合うのではないでしょうか。

ワンポイント

- 「1on1ミーティングで話すことがない」のは、上司の問いに問題がある
- 上司側の自己開示、場所、人数など、部下が話しやすい空気作りを意識しよう

習慣05

幸福度サーベイで「心の健康」をチェックする

健康診断で定期的に自身の体の状況を確認するように、「組織のみんなが幸せか」を確認するために幸福度サーベイを行いましょう。いわば心の健康診断のようなイメージです。

はぴテックの「幸福度診断 Well-Being Circle」やパーソル総研の「はたらく人の幸せ／不幸せ診断」など、各社と私が共同開発したツールの他、エンゲージメントサーベイなどさまざまな類似サービスがありますので、こういったものを活用しながらチームのメンバーの幸福度を可視化し、定量化してみてください。

チームはもちろん、部署全体の平均値や傾向がわかれば、それを基に組織改善ができます。漠然と働き方を見直すのではなく、例えば「オーバーワークだと感じている人が多いから、業務量や作業効率を見直そう」など、納得感を持ちながら建設的な改善ができるのです。

従業員数万人規模の大手企業で幸福度サーベイを行ったところ、同社の担当者は「概ね想像通りの結果だった」と言っていました。ハラスメントまがいの言動をする上司がいる部署のメンバーの幸福度は低い傾向にあり、チーム一丸となって業績を上げている営業部門のメンバーの幸福度はずば抜けて高い。そういったなんとなく感じていたことが可視化された結果、それを根拠にしながら改善へ向けた話し合いが進んだそうです。

日本人は真面目と言われますが、やはり改善が得意な傾向があるのだと思います。欠点がわかれば向かうべき方向性が明確になり、その改善に向けて動き出せる。そういう強みを生かす意味でも、幸福度の可視化は有効です。

なお、幸福度サーベイはリーダーポジションの人が取り仕切って行うのが一番やりやすいですが、メンバーから発案するのもいいと思います。同期や同じチームの人とサーベイを受け、結果を基に「うちのチームはもっとこうした方がいいと思う」と上司に提案する根拠としても使えます。

●結果の共有は要注意

幸福度サーベイをチーム全体で行い、個人情報を伏せた状態で結果を共有し、それを基に組織をどうすべきか、話し合いをするのもおすすめです。別の部署や同じ部署の別チームなど、他と比較ができるとより特徴が見えやすくなります。

ただし、結果を共有したくない人への配慮は必要です。健康診断の結果の取り扱いをイメージするとわかりやすいですが、「やばい、尿酸値が引っかかった！」なんて雑談の中で話すことはあっても、健康診断結果をそのまま見せ合うことはあまりしませんよね。無理に人の結果を見たり、詮索したりしない方がいいのは、幸福度サーベイも同じです。間違っても結果を基に助言型の1on1ミーティングなんてしてはいけません。「自分の結果はこうだった」と結果を周りの人に見せる人がいると、結果を公開しなければいけない空気になってしまうこともありますので、結果の取り扱いをどうするか、サーベイを行う前にしっかり考え、注意点を周知しましょう。あくまで心理的安全性第一で。

幸福度サーベイを行う頻度もまた、健康診断をイメージするとわかりやすいと思います。現在健康なら年1回検診を受ければ十分ですが、治療が必要な場合は定期的に病院へ行き、治療を受けながら状態を確認しますよね。幸福度も同じように、組織改善に取り組んでいるのであれば、頻度を上げて数カ月に一度行うのがおすすめです。施策がうまくハマればたった3日間でも組織は変わりますから、何かしら施策を打った前後でサーベイを行うのもいいですね。施策の効果測定の意味でも有効です。

「良い感じになってきた」、「最近あまり雰囲気が良くない気がする」など、何かしら変化を感じたタイミングで行うのも効果的です。特に組織に異変を感じたときは、その理由を突き止めるためにサーベイを実施し、改善に向けて早期に対策を打つことを推奨します。

ワンポイント

・納得感を持って改善を推進する上でも、幸福度サーベイは役に立つ
・幸福度サーベイは、施策の効果測定や組織の異変の原因を探るのにも使える

習慣06 仕事がうまくいっていない人を褒める

生産性や効率性を重視するあまり、チームのメンバー同士が触れ合う機会が削られてしまっていることを本章の習慣1で指摘しました。「あの仕事どう？」と業務状況の確認をしたり、成果が出た時に「良くやった！」と褒めたりするだけでは、職場のコミュニケーションは不十分だと思います。

必要なのは、仕事がうまくいったときだけでなく、うまくいっていない時にも感謝を伝え、良いところを褒めることです。「頑張っているね」と励まし、エンカレッジ（元気づけ、勇気づけ）する。仕事が終わったあとは、成果を問わず「ありがとう」と感謝を伝える。仕事が好調な人に対して感謝したり褒めたりするのは簡単ですが、調子が悪い人に対してそれができる人はそう多くありません。

まずはエンカレッジから始めてみましょう。調子が悪い人を褒めるのは難しくても、「頑張っているのは知っているぞ」、「この前は悔しかったな。次こそうまくいくように頑張ろう」といった励ましはやりやすいと思います。これができる上司は、部下のやる気を引き出すのが上手です。

その際、相手の強みを伝えられるといいですね。「その粘り強さを生かせば、きっとうまくいく」、「あなたのこういう仕事の仕方は素晴らしいから、その調子でやっていけば大丈夫」など、個人の特徴を踏まえてエンカレッジされるのはうれしいものです。

自分の強みを理解し、それを生かすことは幸せに働く要素の一つ。そして、自分らしさを認められることで、人はよりやる気が出ます。周りの人から承認されることが幸福度を引き上げることを覚えておきましょう。

なお、これは必ずしも上司から部下、先輩から後輩に対してだけの話ではありません。

最近、部下が上司を褒める職場の幸福度が高いことがわかりました。部下から上司に対するエンカレッジや感謝は少ないですが、よいしょやおべっか、お世辞ではなく、「あのフォローのおかげで助かりました」、「あの決断があったからうまくいきましたね」といったように、実際に自分が思ったことを伝えることは、ボトムアップでできるチームビルディングなのです。

人や組織にもよりますが、立場が上がれば上がるほど孤独になっていく傾向はあります。そういう意味でも、上の人間に対してエンカレッジや感謝、強みを伝える効果は大きいといえるでしょう。部下の立場からすると上司が頼もしいのは当たり前に思ってしまうかもしれませんが、「すごいな」と思ったら素直に伝えてあげてください。

●サボりたくてサボっている人はほとんどいない

相手を褒めたり励ましたりするコツもまた、習慣4の1on1ミーティングのコツと同様、相手を好きになることです。「頑張っていない人」と思ってしまったり、「なんでやる気がないんだ」と責めたりするような気持ちで接すると、相手にもそれが伝わります。できないことを責めても何にもなりません。

心からサボりたくてサボっている人はほとんどいないと考えられます。大多数の人には頑張りたい気持ちがあるのであり、頑張っていないように見える人の中には、頑張りたいけど頑張れない何かしらの要因がある。上司のハラスメントがある、そもそもその仕事が向いていない、プライベートで問題を抱えているなど、何かしらの困りごとがあり、それゆえに頑張れていないことが多いのではないでしょうか。

中には、お金のために嫌々働いている人もいるでしょう。そういう人も、この先何十年と働かなければいけないわけで、本当は前向きに仕事ができた方がいいことには気づいていると思います。そうしたい気持ちを心の底に秘めながら、その想いに蓋をして、「人間関係が悪い」、「仕事が合わない」などの言い訳を見つけ、自分を納得させているのかもしれません。

特に、意欲的だったり仕事ができたりする人から見ると、他の人は力を抜いているように見えがちですが、そうではありません。**みんなそれなりに頑張りたいけど、何かでつまずいている。そう考えて、頑張れない要因を一緒に解決するつもりで接しましょう。**

やる気がない人として扱われてきた人は、自信を失って萎縮し、ひねくれてしまったり、不貞腐れてしまったりしやすいものです。ゆえに上司や仲間からのエンカレッジによって「この人は自分のことをわかってくれた」と思えることが、チームへの貢献意欲に直結します。挫折している人、苦しい思いをしている人ほど、褒められたり感謝されたりすることが響くのです。

調子が悪かったり、問題があったりする人は、見方を変えればポテンシャルを秘めています。面倒な人だとうんざりするのではなく、「うまくいっていないということは、伸びしろがあるんだ」と捉え、相手に向き合ってみてください。相手に興味を持ち、親身に話を聞いていけば、ぽろぽろと本音が出てきて、長く話していけば良いところも見えてきます。本人も気づいていない興味関心や強みを見つけ、一緒に伸ばそうとすることで、驚くほどぐいぐい伸びるもの。良いところを引き出せれば、見違えるように変わるはずです。そして、秘めたる力を引き出すことは、上に立つ人間の腕の見せ所でもあるのです。

●人の強みの見つけ方

どのような人にも、絶対に何かしらの強みがあります。それが見えないのは、相手に対してネガティブなフィルターをかけてしまっている自分に原因があると考え、人の強みを探す努力も必要です。

ちょっと苦手な人と仲良くなってみるのは、人の良いところを探す良い練習になると思います。ここで役立つのが、第1章の習慣3、ポジティブ変換。苦手だと思うところをポジティブに言い換え、相手に対して素直に疑問として聞いてみましょう。口数が多く、うるさい人であれば「どうしていつも元気でいられるんですか？」、暗い人だと感じているのなら「いつも机に向かってコツコツ作業を進めているけど、集中するコツはあるの？」といった具合です。

そうやって相手をポジティブに捉え、コミュニケーションを取っていくうちに、だんだん仲良くなっていくことでしょう。話すうちに相手の意外な一面が見えて好感を抱き、相手もまた自分に関心を持ってくれたことを好意的に感じるからです。

どれだけ嫌な相手であっても、10のうち全部が嫌な人はめったにいません。嫌なところが9あるとそこばかりに目がいってしまうけど、1の良いところに目を向けて、そこを増幅させることはできるのです。「苦手な人の良いところ探しゲーム」のような感じで、面白がって良いところを探してみてください。自分の中で評価が低い人ほど、イメージがガラッと変わるものですよ。

繰り返しになりますが、時間をかければ誰にでも良いところは見つかります。現実的にはそれほど時間をかけられないと思うかもしれませんが、ここはある種、ビジネスライクに考えましょう。部下や同僚に対して、家族や友達のように考えると感情が先立ってしまいますが、うまくやればチームの雰囲気が良くなり、幸せな働き方ができ、長期的には成果も上がるなどビジネス上のメリットを考えれば、冷静な対応がしやすいと思います。

同じ職場で一緒に仕事をしなければいけないのであれば、問題のある社員をどうにかした方が結果的に利益は大きいはず。曲者揃いの集団を束ねて成果を出せれば、「どんな人とでもうまくやれる人」という付加価値も生まれます。クールになりすぎて「やる気を引き出してコマとして使ってやろう」みたいな考えになってしまうと逆効果になりかねませんが、ドライに捉えた方が無理せず周囲の人と向き合えそうなのであれば、それはそれでいいと思います。愛を持って接することが前提ではあるけれど、入れ込み過ぎず、「あくまで仕事」という観点も必要でしょう。

ワンポイント

- チームメンバーへの励ましや感謝は、誰もができるチームビルディング
- ポジティブ変換をしながら「苦手な人や嫌いな人の良いところ探しゲーム」を面白がってやってみよう

習慣 07

チームでメンバーの面白いところをシェアする

これまで何度か触れてきましたが、**自己開示は幸せにつながります。**鎧を着込んで本音を隠して仕事をするのは、常に我慢をしている状態です。それではストレスが大きいですから、自分を出せる職場の方が幸せなのです。

自己開示ができないというのは、本音が言えない状態です。上司やチームのやり方に疑問を抱いたまま、納得できずに仕事をしていたり、本当はやりたいことがあるのに、希望を口に出せずにいたりと、本当は違うと思っているけど言えずにいる。つまり**自己開示をするには、心理的安全性が不可欠なのです。そういう環境をつくるには、上の立場の人間と、下の立場の人間、それぞれに努力が必要です。**

●自己開示のために上司と部下がすべきこと

一人一人が自己開示できる環境の鍵は、上司にあります。リーダーのポジションにいる人間は立場上、力の差があることを自覚し、チームメンバーとフラットな関係性を構築することが重要です。「管理する／管理される」、「指導する／従う」という関係性では、下の立場の人間は言いたいことがなかなか言えません。

日本企業もだいぶ変わってはきましたが、まだまだ「上の人間は命令をするもの」という意識の人が多く、フラットな関係性を築くのが苦手な人は多いように思います。ゆえに組織はアンバー型、オレンジ型になりやすい面もある。だからこそ、上司の立場にある人は、相手の意見を最後まで聞く努力をしましょう。途中で自分の意見を挟んだり、批判したりするのをやめる。たとえ見当違いであっても、「なるほど、そう考えるんだね」とまず受け止める。それによって部下は意見を言いやすくなります。「そんなことができるわけないだろう」と頭ごなしに否定してしまっては、意見が出てくるはずもありません。

「最後まで話を聞く」というのは、一見簡単なことのように思えますが、できていない人は意外と多いですね。ＭＩＴビジネススクールで「対話（ダイアローグ）」について研究しているアイザックス教授は、「Listening（傾聴する）」、「Respecting（尊重する）」、「Suspending（反射的に言いたいことを言うのではなく保留する）」、「Voicing（話す）」の4つを対話の心得として提唱しています。

ポイントは「Voicing（話す）」が最後だということ。しかもその前には「Suspending（反射的に言いたいことを言うのではなく保留する）」の防衛線まであるわけです。相手の話を聞くのは難しいことであり、体系立てて学んで身に付けるスキルであることがよくわかります。特に権力がある人ほど話をさえぎることが癖になっている可能性が高いですから、テクニックとして体得する意識で、傾聴の練習をしましょう。

上司や環境による影響が大きいという前提ですが、とはいえ個人にも自己開示の努力は必要です。第2章の習慣2と習慣4を振り返り、「そのやり方もいいけれど、この点が心配なので、こうしたらどうだろう?」、「今の仕事のこういうところが得意で、それをさらに生かしてこういう仕事をしてみたいのですが、どう思いますか?」など、アサーティブな話し方で言いたいことを伝えられるといいですね。自分の意思を伝えれば、より良い仕事のやり方が見つかったり、適切な仕事に移る機会が得られたりといった可能性が生じます。自分の本音を開示することは、状況を改善し、自分を楽にすることにつながることを覚えておきましょう。

もう一つ、下の人間がすべきことは、上司への態度を見直すことです。部下がムスッとした態度を取ることは、上司の心理的安全性を脅かします。ハラスメントは権力者がやってしまいがちで、上司が気を付けるものというイメージが強いですが、上司のハラスメントへの意識が高まり、部下に強く言えなくなった今、反対に部下の立場が強くなっている面もあります。それによって部下から上司へのハラスメントが生じやすくなっていることを認識しましょう。

チームの雰囲気を良くするための行動は、上司に任せきりにするのではなく、みんながやるべきことです。個人もまた場を楽しくするためにできることを考え、みんなの輪に入る努力をしましょう。

●ユーモアは心理的安全性を高める

チームの心理的安全性を高める上で効果的なのが、ユーモアとウィットです。ポジティブなユーモアは心理的安全性も高め、コミュニケーションの円滑材になります。ブラックユーモアはあまり幸福に寄与しませんので、みんなで楽しく笑える健全なユーモアを交えて会話ができるといいですね。

ユーモアはセンスが問われる面もあり、個人のキャラクターに左右されるところも少なくありません。いつでも面白いことを言って上司からも部下からも信頼されるような人には、なろうと思ってなれるものではないでしょう。ただ、一度も人を笑わせたことがないという人はいないと思います。どういう場面で人を笑わせているか、振り返って分析してみると、人それぞれの面白さがあると思います。

例えば、チームで各メンバーの面白いところをシェアしてみてはいかがでしょう? 「怖そうに見える上司がものすごくかわいいボールペンを使っている」など、周囲の人の面白いところを好意を持ってユーモラスに話すのは、人間関係を円滑にする上でとても良い方法です。バカにした物言いにならないよう注意は必要ですが、相互理解を深める意味でも有効だと思います。

どうしてもユーモアが苦手な人は、人の冗談に笑ったり、乗っかってみたりと、面白がる努力をしましょう。無関心や無感動は本人の幸福度を下げますし、たとえ面白くなかったとしても、せっかく周りが盛り上げようとしているのをむげにするのは大人げありません。そのユーモアが人を傷つけたりハラスメントに該当したりするのであれば別ですが、そうでないのであれば、チームの一員として盛り上げようとした人の心意気に応えたいところ。自身の振る舞い方をどうすると場が和むのかを、考えてみましょう。

ワンポイント

- 自己開示ができる心理的安全性が担保されたチームは、みんなで作るもの
- 上司はもちろん、部下もまた上司へのハラスメントに要注意

習慣 08

”カイゼン・イノベーション“でチャレンジする

少子高齢化が進みマーケットが縮小する現在、どの会社でも新規事業の創出や既存事業での新たな試みなど、イノベーションの重要性が増しています。

その際に不可欠なのが、失敗を推奨する姿勢です。新しいことにチャレンジすれば、どうしたって失敗はつきものです。**特に新たな試みを行う部門であれば、失敗を称えるくらいのスタンスが必要でしょう。**

ところがほとんどの日本企業は、これができていません。失敗しないように綿密に計画を立て、慎重に物事を進めてきた日本企業にとって、失敗を推奨するのは難しいことなのです。**失敗をおそれる国民性が影響したのか、日本では30年もの間、イノベーションが起**

きませんでした。一方、アメリカでは多くの人が若いうちから新規事業を起こし、そのほとんどが失敗するのですが、例えば１００個中１個が成功することで世界を牽引する先進企業が生まれているわけです。

最近はあらゆる会社でイノベーションを起こそうと新規事業に注力していますが、なかなかうまくいかないのにはそのような背景があります。**「それだと失敗する可能性があるから、ここはもう少し無難なやり方にしよう」とやってしまうと、せっかくのチャレンジングな企画もどんどん地味なパッとしないものになってしまう。「失敗してもいい」と本気で思わなければ、イノベーションは起きないのです。**

ここでも視野を広く持ち、長期的に見てどうすべきかを考えれば、進むべき方向は見えてきます。短期的に見れば、失敗は会社の業績に負の影響を与えたり、チームの評価を下げたりといった打撃を与えるかもしれません。ただ、10回目の挑戦で成功すれば、それまでの挑戦全体が成功に転じ、会社として大きく躍進するチャンスが得られます。失敗を推奨するのと、慎重になるのと、どちらが良いかは明白ですよね。

また、「なんとかなる」と失敗を恐れずにチャレンジをすることは、個人の幸せにつながります。つまり**思い切ったチャレンジは企業にとって成功時のリターンが大きく、同時に社員の幸福度を上げる効果も期待できるのです。**

●「カイゼン」もまたチャレンジである

これまでの日本企業の歴史や現状を踏まえると、現場の管理職やリーダーが部下の失敗を推奨するのは難しい場合もあるだろうと思います。会社が変わらなければいけないのは言うまでもないですが、同時に現場で働く一人一人の意識を変えていく必要もありますから、現場でできる挑戦を考えてみましょう。

そこでおすすめしたいのが、〝カイゼン・イノベーション〟です。

自動車メーカーのトヨタ自動車には、「トヨタ式カイゼン」と呼ばれる有名な改善活動があります。これは生産現場の無駄を排除し、業務を効率化することで生産性や品質を上げることを目的としたもの。工場では同じ作業やルーチンワークがどうしても多くなってしまいますが、そうした繰り返しの業務であっても改善の余地があることを前提に、改善提案をすることが推奨されています。それによって作業時間短縮ができたり、ミスが減ったり、コストを抑えたりすることができれば評価され、場合によっては社長賞がもらえることもあるわけです。

これは創造性を発揮するとても良いやり方です。本来、単純作業はあまり人を幸せにしないのですが、そこに改善提案を推奨することで、「どうすればより良い仕事ができるだろう」と考えながら仕事ができる。いわば「カイゼン」という挑戦が日常的にできるわけです。人はチャレンジすることで幸せになりますから、この方法であれば繰り返しの単純作業をしながらも幸せに働くことができるのです。

こうしたカイゼン・イノベーションは、あらゆる仕事で実行することができます。新規事業を考えるような部門はもちろん、経理のような正確さが求められる部門であっても、カイゼンであればチャレンジを推奨することができる。

そして、このような創意工夫によるカイゼン・イノベーションは、まさに日本人が得意なやり方でしょう。GAFAMやイーロン・マスクのようにゼロから新しいサービスをつくることだけがイノベーションではないのです。

●ボトムアップでチャレンジする風土をつくる

「今までこうやってきたから」という理由で、なんとなく続いている習慣は、あらゆる仕事の中にあります。それがベストなやり方ではないと理解していながら、惰性で同じやり方を続けてしまう。中には、改善策を思いついているのに、「どうせ反対されるだろう」、「やり方を変えるのは面倒だと思われるだろう」と口に出せないまま諦めてしまっている人も少なくないでしょう。

そういう意味では、カイゼン・イノベーションを目指す前に習慣2、習慣3を実践し、まずはチームの自由度を上げる必要があります。そうやってチームのみんなからアイデアが出るようになり、それを「やってみよう」と上司が受け止め、一緒に実現方法を考えて、さらに上の上司に持っていく。そこで差し戻されたとしても、そこを突破するためにどうするかを考え、チームで試行錯誤をするのは楽しいことです。説得も含めてチャレンジですから、面白がりながら取り組めるといいですね。

余談ですが、僕が若い頃の会社にはそういう雰囲気がありました。新入社員であっても新しいことを提案し、みんなを驚かせてやろうとする。そんな野心のようなものを持った人が、どの会社にも一定数いたように思います。

その理由として、一つには管理のおおらかさがありました。働き方改革なんてなかったですから、深夜に酔っ払ったまま会社に戻って実験をする、なんてこともできましたし、セキュリティも甘くて、入り口から誰でも入れました。保険のおばちゃんが席まで来るのは普通でしたし、そういうおおらかさゆえの自由度の高さが影響していたように思います。

もう一つ、時代もあったでしょうね。僕が新入社員の頃の50代は戦後の何もない状態からの復興を知っている世代であったためか、社内には、「なんだってやっていい」という感覚が残っていました。だからチャレンジが推奨されていたのだと思います。

今は終戦直後を知らない世代が会社の中心となり、世の中の変化とともに会社の自由度も下がりました。私が若い頃とは時代が違いますが、**チャレンジした方が幸せだというのは不変の事実です。**

うまくいかなくてつらい思いをしたり、失敗したりしても、その経験が学びとなり、自分の成長につながります。そして、人は成長すると幸せになります。チャレンジの結果が失敗ばかりではしんどいですが、長い目で見れば自身の成長に寄与するわけですから、違う幸せがあるのです。そして、自身の成長は次のチャレンジを成功に導く。**チャレンジが成功しても、失敗しても、どちらに転んでも自分の幸福度を上げることにつながります。**

保守的で事なかれ主義な人も、騙されたと思ってチャレンジをしてみてください。チャレンジをするには変化への耐性も必要ですから、地道なカイゼン・イノベーションから取り組むことで自分を鍛え、徐々にチャレンジを大きくしていきましょう。そうやって取り組めるところから小さくても新しいことを始めれば、「現場から新しいことをやる」という空気を作り、ボトムアップで会社の風土を変えていけるかもしれません。

ワンポイント

- 「チャレンジ＝ゼロから新しいことをやる」だけではない
- チャレンジが成功しても、失敗しても、どちらにせよ自分の幸福度は増していく

習慣 09

労働時間よりも、「ストレスなく働けているか」に意識を向ける

心理的安全性があり、理念を基に一人一人が広い視野を持ち、チームのみんなを信頼して一丸となれる職場を目指しましょうとお伝えしてきました。そのバロメーターの一つとして、「オーバーワーク」に着目してみましょう。

パーソル総合研究所と共同で作成した「はたらく人の幸せ／不幸せ診断」を用いて行った調査結果によると、不幸せ因子であるオーバーワークと最も相関が高いのは「理不尽」でした。

ここでいうオーバーワークは実労働時間ではなく、「私生活を犠牲にしてまで働かなければならないと感じている」「疲れている感覚がある」といった個人の主観によるもので

す。要するに、残業をしているからオーバーワークだと感じているのではなく、「明日の朝までにやっておけよ」と新規の仕事を夕方に渡されるといった理不尽さが疲労感やストレスにつながっている。反対に言えば、「頑張っているな」などのポジティブな声掛けがある中、自発的に残業をしている場合はオーバーワークだと感じない可能性が高いことがわかりました。

オーバーワークとの相関が高いものとして、「理不尽」のあとには「リフレッシュが足りないと感じること」「ストレスが多いと感じること」が続きます。ここから見えてくるのは、「やりたくない仕事」だから疲れを感じ、プライベートを犠牲にして働いているような気がしてしまうということ。これまで「やらされ仕事は不幸せ」、「主体性を持って働くと幸せになる」とお伝えしてきましたが、これらはオーバーワークの感覚にも関連するのです。

●オーバーワーク対策でやるべきこと

ポイントは「ただ残業時間を減らせばいいわけではない」ということです。

極端なことを言えば、ものすごい長時間労働をしていたとしても、やりたい仕事をやっている人はオーバーワークとは感じないということが起こり得ます（誤解のないように補足しますが、もちろん、いやいや行う長時間労働は撲滅すべきです）。実際、私はかなり働いていますが、好きでやっていることですからオーバーワークという感覚は全くありません。

休日に仕事のことを考えてしまうのはリフレッシュにならないと思うかもしれませんが、これもまた、問題は仕事のことを考えている時の感情です。ワクワクしながら仕事のことを考えるのは楽しいことであり、これもまたオーバーワークからは遠い感覚です。

やりたい仕事は、仕事とプライベートの垣根を超えることも少なくありません。「仕事はライターで、趣味は詩を書くこと」、「プログラマーとして働き、週末は最新技術を学ぶのが楽しみ」といったように、好きな仕事は趣味と連動することも珍しくありません。仕事とプライベートで似たようなことをしているように思えますが、本人にとっては楽しいことであり、この場合もオーバーワークの感覚はないでしょう。

そもそもデスクワークの人であれば、ほとんどの時間を机でのパソコン作業に費やしているわけで、仕事の中で肉体的に疲れるようなことはほとんどしていないはずです。つまり仕事での疲労感は、人間関係やストレスなど、精神的なものが原因のほとんどであると考えられる。体を動かす仕事をしている人であっても、例えば趣味のスポーツで楽しんだときの疲労感と、仕事をしているときの疲労感が釣り合わない場合、その差分は精神的なものである可能性が高いでしょう。

つまり、**オーバーワーク感の対策で最も気にすべきは時間ではなく、精神面です。**これをまずは認識し、**働きすぎだと感じたら、「理不尽なことはないか」、「仕事時間内に休憩を取れているか」、「何にストレスを感じているか」を考える。そして、それらがない職場にするには何をすべきか、幸せなチームのために何をすべきか考えていきましょう。**

なお、マニュアルやルール化、過剰な報連相がオーバーワークの原因になっていることも少なくありません。「社内稟議を通すときに使うかもしれないから」という理由で資料を作ったのに、実際は使われなかった、なんて経験はないですか？　無駄なミーティングが多いというのもよく指摘されることですが、要するに、本来であればやらなくていい仕事をしてしまっているわけです。会社を辞めて独立した人から「楽になった」という声を聴くことが多いのは、そういう無駄がなくなったことも大きいのだと思います。

●働き方改革は間違った方向に進んでいないか!?

働き方改革によって企業も個人も労働時間に目を向けるようになりましたが、本来の働き方改革は、少子高齢化で人口が減る中、**性別や属性に関係なく全ての人がイキイキ働くことで生産性を高めることが目的だったはずです。それがいつの間にか「労働時間を減らす=働き方改革」になってしまっていないでしょうか。**指標として計測しやすいのは理解できますが、これでは本質的な働き方改革にはなりません。

先述の通り、オーバーワークの感覚と労働時間は必ずしも比例しません。もちろん、残業や長時間労働を推奨するわけではありませんが、やりがいを持って好きな仕事に打ち込んでいる人にとって、働く時間は楽しいものであり、幸せなことなのです。楽しい時間は長く続いてほしいと思うものであり、楽しい仕事もまた同じ。「労働時間が長い=不幸」

とは限らないことは声を大にして言いたいですね。

働き方改革の影響もあって、**今は短絡的に「残業をしてはいけない」と思い過ぎている人があまりにも多いのではないでしょうか。繰り返しますが、問題は「ストレスを感じる残業」、「理不尽に感じる残業」です。**上司も部下も、オーバーワークの感覚には精神的な影響が大きいことを認識しましょう。

最近は若い人を中心に「コスパ」「タイパ」を意識する人が多くいます。「早く帰宅できないのは損だ」という価値観を持つ人も増えているように感じますが、本当の意味でコスパが良いのは、満足して働けている状態です。もし働く時間ばかりに目がいってしまっているのであれば、それは仕事を楽しくできていない証拠かもしれません。仕事が充実していれば、働く時間が長かろうと短かろうと大きな問題ではないはずですから、「働く時間を短くしたくてたまらない」と思うような仕事の仕方は見直しましょう。**大事なのは、労働時間を短くすることよりも、幸せに働くこと。**それを思い出してください。

その一方で、「本当はもっと仕事をしたいのに、会社がそれを許してくれない」といった悩みも増えています。私の友人のエンジニアも、「エンジニアリングが好きで、働きたくて仕方がないのに、早く帰れと言われてしまう」と嘆いていました。

仕事に打ち込む楽しさを知らない人はコスパを重視しすぎ、仕事が好きでもっと働きたい人は早く帰ることを強制される。今は両者にとって不幸な状況です。

現場として労働時間を抑制せざるを得ない事情もあるとは思います。また、過度の長時間労働が原因でヘトヘト、という方も一定数いるでしょう。ただし、労働時間のみを指標とすることのひずみをまずは認識すべきでしょう。大事なのは、労働時間を短くすることのみにとらわれるのではなく、いかにして幸せに働くかということ。それを忘れず、本質的に幸せに働ける環境を目指してください。

ワンポイント

- **労働時間ではなく、やりたくない仕事をするストレスがオーバーワークの感覚につながる**
- **働く時間ばかりを気にしているのは、幸せに働けていない証拠かもしれない**

習慣10

「どちらが幸せか？」という判断軸を持つ

働き方改革、健康経営、人的資本経営。政府はさまざまな施策を掲げていますが、全ては幸せなチーム作りで解決します。

どういうことか。それぞれ見ていきましょう。

まずは働き方改革について。習慣9で指摘した通り、働き方改革の目的は「全ての人がイキイキ働くことで生産性を高めること」です。幸せに働く人の生産性はそうでない人の3倍高いという研究結果からわかる通り、社員の幸福度を高めることで働き方改革の目的はかなうのです。労働時間削減を指標にしている企業も多いですが、生産性が上がれば時短につながりますから、そちらの指標も自ずと達成できるはずです。

健康経営もまた、幸せと密接な関係があります。従業員の健康管理を経営的な視点で考え、戦略的に実践することが健康経営の目的ですが、健康と幸せはウェルビーイングに包括されます。ウェルビーイングは「良好な状態」「満ち足りた状態」を表すもの。身体的に良好な状態（健康）で、心が満ち足りて良好な状態（幸せ）であることがウェルビーイングなのであり、健康な人は健全に働くことができ、幸福度も増すと考えれば、幸せに働くことを追求することで健康経営も実現できます。

人的資本経営は、人材を資本として捉え、その価値を最大限に引き出すことで企業価値向上につなげようとするものですが、幸福度の高い人は創造性や生産性、売上が高く、欠勤率や離職率が低い傾向にあります。人の幸福感とパフォーマンスに明確な相関があることは明らかであり、資本たる人材の価値を引き出すには社員の幸福感を高めればいいのです。

●「幸せファースト」で全てクリアできる

会社として働き方改革や健康経営、人的資本経営に取り組むのは素晴らしいことですが、健康経営部、ダイバーシティ推進部、ウェルビーイング推進部など、業務が細分化している企業も見受けられます。さまざまな施策や指標が登場するたびに人事部の仕事は複雑になっているものの、先ほどの説明の通り、本来やるべきことは全て同じ。「幸せファースト」です。幸せを第一に考え、「幸せに働く環境をつくる」「幸せなチームをつくる」ことで、全てクリアできるのです。個人が幸せに働き、チームもまた幸せに仕事をすることを徹底的にやっていけば、この先、国が新たな施策を打ち立てても、慌てて新しいことに取り組む必要はあまり起こり得ないのではないかと思います。

もちろん会社として幸せな経営をするための取り組みをする必要はありますが、**実際に会社を変えるのは現場で働く皆さんです。一人一人が幸せに働き、幸せなチームを作ることで、会社全体が良くなっていくのだと私は思います。**

要するに、「幸せを第一に考えればすべてうまくいく」というシンプルな話です。

●「幸せ」は当事者意識を持ちやすい

ところが現実は働き方改革の残業規制のように、幸せに働いている人に対しても労働時間を抑制するようなことが起きている。

そうした事態を防ぐためには、「幸せに働く」を起点に働き方改革、健康経営、人的資本経営を行うべきでしょう。あらゆる場面において「これはみんなの幸せのためなのか？」という幸せファーストの視点を持ちましょう。

幸せの価値観は多様で、幸せのために何をすべきかといった考え方も個人や立場によって異なります。このため、幸せについて考えることは常に広い視野を持ち、根本的な議論をすることにもつながります。幸せは主観的なものですから、「あなたは幸せに働けていますか？」を問えば、幸福度を測るのも容易です。

誰かを喜ばせたり、助けたりするために行うのが仕事であると考えれば、あらゆるステークホルダーに対して「彼ら、彼女らを幸せにするために」という視点を持つことは、仕事の本質に向き合うことでもあります。そこに向き合う限りおかしな方向に進まずに済みますし、何より幸せを意識して仕事をするのは楽しいもの。「どちらの案がコストダウンになるか」と「どちらの案がお客さんの幸せにつながるか」という議論では、後者の方がワクワクする人が多いのではないでしょうか。関わる人たちが幸せになる姿を思い浮かべれば、ビジネスライクな会話をするより感情も動きます。

企業である以上利益の追求は不可欠ですが、それに優先して「何が幸せか」という指標を持ちましょう。「利益ファースト」から「幸せファースト」へ。事業戦略に基づく判断と比べて、幸せを軸とした判断は当事者意識を持ちやすく、仕事を自分ごとにしやすい効果もあります。もちろん、**社員が幸せであれば、その結果、会社の利益が多いという研究結果もありますから、「幸せファースト」は利益にもつながります。**

「幸せ」は誰もがイメージできるものです。「働き方改革を実践できていますか?」と聞かれると残業時間などの指標を持ち出すことになりやすく、「人的資本経営ができている状態」を具体的にイメージするのは難しい。でも、「社員が幸せに働いている状態」は小学生でも想像できます。

だからこそ、「幸せに働けてますか？」というのは、誰にとっても身に迫った問いになるのです。

エンゲージメントの向上、従業員満足度調査、充実した福利厚生や社内制度の整備など、会社が社員に向けて行っている施策はたくさんありますが、突き詰めれば全ては幸せのために行っていること。「幸せに働ける職場」の追求は、全てに通じるのです。

ぜひ、「幸せファースト」の職場作りをして下さい。

ワンポイント

- **社員のためのあらゆる施策は「幸せに働く」に通じる**
- **ステークホルダーの幸せを追求することは、仕事の本質に向き合うことでもある**

おわりに

『幸せに働くための30の習慣』、いかがでしたか？ いずれかを実践しているでしょうか。ぜひ、すこしずつ実践し、習慣化してください。

実は、日本人は幸福度が低いことが知られています。ある調査によると、幸福度が先進国中最下位です。自己肯定感も低いことが知られています。大人も子供も、国際比較すると低レベルにあります。仕事のやりがいもそうです。諸外国と比べ、ワクワクとやりがいを感じながら働いている人は低い傾向があります。

これって、チャンスだと思いませんか。伸び代があります。伸び代にあふれています。なにしろ、幸せな働き方や生き方を身につければ、創造性や生産性が向上し、離職率や欠勤率が下がり、仕事にやりがいを感じ、仲間と働くことが楽しくなり、しかも健康長寿になるのですから、良いことだらけです。これはやるしかありません。本書がその起爆剤になることを、心から願っています。

世界には、環境問題や、戦争・紛争・テロの問題、格差拡大の問題、日本の少子高齢化の問題、円安の問題など、様々な課題があふれています。現代社会は、資本主義という自分勝手主義（みんなが自分勝手にやっていれば全体としてうまくいくに違いないという考え）がいきすぎた結果、争いが絶えず、みんながみんなのことを思う利他心が足りず、地球全体の問題を解決できなくなってしまっている社会とも言えます。

こんなグローバルイシューを解決するには、それぞれの人々の幸せが鍵になります。なにしろ、幸せな人は、親切で、思いやりがあり、貢献心があり、視野が広く、誠実で、倫理的です。要するに、幸せな人とは良い人なのです。本書を読んでみんなが幸せで利他的で成長意欲の高い人になっていけば、世界平和も実現できるのです。

ＡＩ（人工知能）の進歩がめざましく、これから世界が激変すると言われています。人間の仕事の半分をＡＩが奪うとも言われています。これは、見方を変えれば、人間の仕事のうち、単純労働などのやりたくない幸せでない仕事をＡＩが代替してくれるということです。人間は、より人間らしく、幸せに働けば良い。また、創造性を発揮して、新たな仕事を作っていけば良い。こう考えると、これからのＡＩ時代も、幸せに働き、幸せに生きていれば、怖くないどころか、希望です。

つまり、本書の30の習慣を実践し習慣化すれば、これからの激動の時代を生き抜いていく人になれるということでもあるのです。

私は、私たちの未来は明るいと信じています。みんなが幸せについて学び、実践し、習慣化するなら。それができれば、どんな困難も解決できます。

人類レベルの大きな話を書きましたが、大きな話と身近な話はつながっています。まずは読者の皆さんが幸せな働き方や生き方を習慣化すること。それがベースになって、世界中の生きとし生けるものの幸せは形作られるのです。

心より願っています。すべての人が、幸せに働く習慣を身につけられますように。もちろん、みんなの私生活も、幸せでありますように。やりたくない仕事をするのではなく、やりがいにあふれた働き方をできますように。一緒にいたくない人と働くのではなく、心から信頼し尊敬し愛する人と働いている喜びを実感できますように。みんなが個性を発揮し、自分の強みを伸ばし、自分は会社からも社会からも必要とされていると充実感を感じられますように。

すべての人の悲しみや、悩みや、苦しみが、いやされますように。他人を蹴落として自分だけ幸せになろうとするのではなく、みんながみんなの幸せを願うだけのこころの余裕を持てますように。みんなの思いやりによって、貧困や戦争や事件や事故が減り、みんなが幸せに生きる世界が実現できますように。みんながみんなの未来は明るいと信じ、ともに力を合わせて力強く創造的に歩んでいけますように。

あなたが幸せでありますように。みんなが幸せでありますように。そのために、ささやかなこの本が、役に立ちますように。

前野隆司

前野隆司（まえの・たかし）

1962年、山口生まれ。84年東京工業大学工学部機械工学科卒業、86年東京工業大学理工学研究科機械工学専攻修士課程修了、同年キヤノン株式会社入社。その後、カリフォルニア大学バークレー校客員研究員、慶應義塾大学理工学部教授、ハーバード大学客員教授等を経て、2008年より慶應義塾大学大学院システムデザイン・マネジメント（SDM）研究科教授。11年より同研究科委員長兼任。17年より慶應義塾大学ウェルビーイングリサーチセンター長兼任。研究領域は、ヒューマンロボットインタラクション、認知心理学・脳科学、イノベーション教育学、創造学、幸福学、哲学、倫理学など。
著書に『幸せな職場の経営学「働きたくてたまらないチーム」の作り方』（小学館）、『幸せのメカニズム―実践・幸福学入門』（講談社現代新書）、『実践・脳を活かす幸福学 無意識の力を伸ばす８つの講義』（講談社）、『「幸福学」が明らかにした幸せな人生を送る子どもの育て方』（ディスカバー・トゥエンティワン）などがある。

幸《しあわ》せに働《はたら》くための３０の習慣《しゅうかん》
社員《しゃいん》の幸《しあわ》せを追求《ついきゅう》すれば、会社《かいしゃ》の業績《ぎょうせき》は伸《の》びる

2024年1月9日　初版発行

著者　前野隆司
発行者　和田智明
発行所　株式会社 ぱる出版

〒160-0011　東京都新宿区若葉1-9-16
03(3353)2835―代表
03(3353)2826―FAX
印刷・製本　中央精版印刷(株)
本書籍に関するお問い合わせ、ご連絡は下記にて承ります。
https://www.pal-pub.jp/contact

ISBN978-4-8272-1424-6 C0030